PONS

Grammatik in Bildern

DEUTSCH ALS FREMDSPRACHE

von
Irina Gubanova-Müller
und
Federica Tommaddi

PONS GmbH
Stuttgart

PONS

Grammatik in Bildern
DEUTSCH ALS FREMDSPRACHE

von
Irina Gubanova-Müller
und
Federica Tommaddi

Bildnachweis Klappen (von links nach rechts und von oben nach unten):
rosa Strümpfe: fotolia/Elnur, Mann schläft: fotolia/Tom Wang, Frau am Backofen: fotolia/Andrey Armyagov, Rezeptbuch: fotolia/Marco2811, Frauen suchen Ring aus: fotolia/.shock, Mädchen in Highheels: shutterstock/AlikeYou, Schneckenrennen: thinkstock/Paul Grecaud, Junge auf Büchern: fotolia/Sabphoto, Pärchen im Bett: fotolia/Maridav, Augenbrauenzupfen: fotolia/Adam Gregor, Mann in Boot: thinkstock/Mike Kiev, Frau starrt in Desktop: fotolia/Robert Kneschke, Mann auf Teppich: thinkstock/Ljupco, Hund am Telefon: fotolia/annette shaff, Häftling: thinkstock/Ljupco, Frau mit Bügeleisen: fotolia/ipag, Frau vor Telefon: fotolia/Edler von Rabenstein, Eier: thinkstock/lucato, Frau mit Zigarette: fotolia/Knut Wiarda, Frau isst Kuchen: thinkstock/CandyBoxImages, Frau mit Apfel und Cupcake: thinkstock/agencyby, nackter Mann: fotolia/Ljupco Smokovski, Frau telefoniert: fotolia/Robert Kneschke, Junge isst: thinkstock/Jupiterimages, Männer stricken: thinkstock/Eldad Carin, Mädchen unter Decke: shutterstock/Svitlana-ua, Koffer am Strand: thinkstock/lightstock, Brautpuppen: thinkstock/Eduardo Jose Bernardino, Paar liegt nebeneinander: fotolia/Picture-Factory, Mann mit Kinderwagen: fotolia/Ursula Deja, Junge am Fenster: thinkstock/Peter Hansen, Frau probiert Schuhen an: shutterstock/g-stockstudio, Schildkröte: thinkstock/HowardKlaaste, Paar am Strand: thinkstock/Ingram Publishing, Hund im Auto: fotolia/Natallia Vintsik

1. Auflage 2018

www.pons.de
E-Mail: info@pons.de

Projektleitung: Canan Eulenberger-Özdamar
Redaktion: PONS GmbH
Logoentwurf: Erwin Poell, Heidelberg
Logoüberarbeitung: Sabine Redlin, Ludwigsburg
Titelfotos: Brot: iStockphoto/joebelanger; Weizen: Fotolia/photocrew
Einbandgestaltung: Ilham Widmann, Stuttgart
Layout/Satz: digraf.pl - dtp services
Druck und Bindung: Multiprint GmbH

ISBN: 978-3-12-562960-8

Neugierig?
Dann treten Sie ein ...

... in ein neues Grammatikerlebnis!

Grammatik mit Bildern – warum?

Einer der Gründe sind Sie selbst und wahrscheinlich auch die Motivation, aus welcher heraus Sie dieses Buch in den Händen halten!

Die meisten Menschen, die eine Sprache lernen, möchten oder müssen sich mit Grammatik beschäftigen. Nicht allen ist wohl dabei und viele schrecken vor Textmassen und unverständlichen Regeln zurück.

Viele dieser Menschen gehören zu den sogenannten „visuellen Lerntypen", die besser lernen, wenn Lerninhalte visuell, also bildsprachlich, aufbereitet sind.

Visuelles Lernen leicht gemacht

Bilder – aber nicht nur Bilder, sondern auch Grafiken, Formen und Farbe helfen unserem Gehirn, Texte zu strukturieren und zu verstehen.

Dieses Prinzip macht sich dieses Buch zunutze und so können komplexe und „trockene" Regeln übersichtlich und einfach dargestellt werden.

Diese Grammatik ist dabei kein reines Bilderbuch, vielmehr unterstützt die Visualisierung den Text, bricht die reine Textmasse auf und hilft Ihnen so, sprachliche Inhalte besser zu verstehen und zu verarbeiten.

1 Bild sagt mehr als 1000 Worte

An diesem Sprichwort ist etwas Wahres dran, denn unser Gehirn kann Bilder und visuelle Darstellungen viel schneller aufnehmen als einen Text, der dieselben Inhalte wiedergibt. In der Tat benötigt es dafür nur den Bruchteil von Sekunden.

Werden Sie ruhig emotional ...

... denn an Dinge, für die Sie ein Gefühl entwickeln, erinnern Sie sich eine ganze Weile länger als an Dinge, die Sie „kaltlassen".

Bilder und visuelle Darstellungen sind dabei bestens dazu geeignet, Emotionen zu vermitteln. Sie prägen sich leichter ein und sorgen für Motivation – die Grundlage für Ihren Lernerfolg!

Durch die Verknüpfung von grammatischen Inhalten und visuellen Darstellungen entsteht die Basis für entspanntes und positives Lernen.

So ist die GRAMMATIK IN BILDERN aufgebaut:

In diesem Buch finden Sie in 16 Kapiteln **alle wichtigen Grammatikthemen der Niveaus A1 – B2** für Deutsch als Fremdsprache.

1 HALLO & WILLKOMMEN!

Jedes Kapitel begrüßt Sie freundlich mit einem großformatigen Bild und stellt Ihnen kurz vor, **worum es in diesem Kapitel geht**.

2 Einstieg – los geht's: SANFT & IN FARBE

Unsere Einstiegsseiten sind bewusst klar & schlicht gehalten, damit Sie sich zunächst nur aufs **Wesentliche** konzentrieren.

Die Doppelseite zeigt Ihnen, welche Themen Sie auf den nächsten Seiten erwarten. Nicht mehr und nicht weniger!

Das klare **Farbleitsystem** sorgt für Struktur und Ordnung, denn: Jede **Farbe steht für ein grammatisches Phänomen**, das im gesamten Kapitel ausschließlich durch diese Farbe gekennzeichnet wird.

3 Die Inhalte – AUGEN AUF UND DURCH!

Die **Farben** der Einstiegsseite werden in jedem Kapitel **konsequent fortgeführt** – so erkennen Sie immer, mit welchem Phänomen Sie sich gerade beschäftigen.

Das Zusammenspiel von **Farbe, grafischen Gestaltungen** und **Bildern** erleichtert Ihnen das Lernen und Memorieren.

Auf lange Textpassagen haben wir bewusst verzichtet, stattdessen finden Sie übersichtliche Lernportionen, die es Ihnen ermöglichen, sich zu konzentrieren und leicht & effizient zu lernen!

Jeder kann Grammatik lernen – Sie müssen nur noch loslegen!

Wir wünschen Ihnen viel Erfolg & Freude dabei.

Ihre PONS-Redaktion

INHALT

1 Laute und Buchstaben

Welche Laute und Buchstaben gibt es im Deutschen?

Wie spreche ich sie aus?

Welche Unterschiede gibt es zwischen Schreibweise und Aussprache?

Das deutsche Alphabet

Die **26** Buchstaben des deutschen Alphabets werden sowohl **groß** als auch **klein** geschrieben.

A B C D E F G
H I J K L M N
O P Q R S T U
V W X Y Z

Dazu kommen die Umlaute
Ä Ö Ü bzw. **ä ö ü**
und das **ß**
(allerdings nicht in der Schweiz,
dort schreibt man immer **ss**).

Alle Vokale in der Übersicht

Es gibt **5** Vokale, aber viel mehr Laute!

Vokale

Laut	Beispiel
[a]	Stadt
[aː]	Name / Zahl / Staat
[ɐ]	der
[ɛ]	sprechen
[eː]	reden / nehmen / Beet
[ə]	keine
[ɪ]	mit
[iː]	Kilo / sie / ihr
[ɔ]	Tochter
[oː]	Ton / Sohn / Boot
[ʊ]	Mutter
[uː]	suchen / Stuhl

Umlaute

Laut	Beispiel
[oe]	können
[ɛː]	Mädchen / zählen
[øː]	Töne / Söhne
[ʏ]	fünf / sympathisch
[yː]	müde / Stühle / Typ

Diphthonge

Laut	Beispiel
[aɪ]	Brei / Mai
[aʊ]	Frau
[ɔɪ]	Freund / Bräutigam

Merken Sie sich dieses phonetische Zeichen: **[ː]**

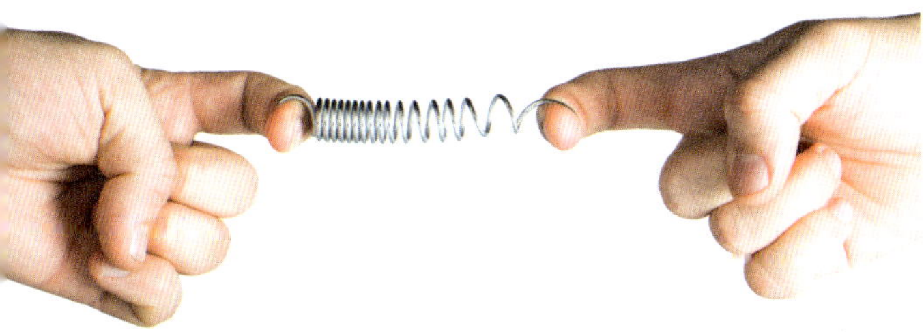

Es bedeutet: dieser Vokal soll lang gesprochen werden!

Alle Konsonanten in der Übersicht

Konsonanten und Konsonantenverbindungen	
Laut	Beispiel
[b]	Ball
[ç]	ich / farbig
[x]	lachen
[d]	danke
[f]	fünf / vier
[g]	geben
[h]	Haus
[j]	ja
[ʒ]	Garage
[k]	Kind / Chor / Zug
[ks]	Text / sechs / links / sonntags
[kv]	Qual
[l]	Liebe

Konsonanten und Konsonantenverbindungen	
Laut	Beispiel
[m]	Maus
[n]	nein
[ŋ]	lang
[p]	Paar / Dieb
[pf]	Pflanzen
[ʀ]	warum
[s]	Haus / groß
[z]	sehr
[ʃ]	schon / stehen
[t]	Tisch / Stadt / rund
[ts]	Zeit / setzen / rechts / Nation
[tʃ]	deutsch
[v]	wo

Im Deutschen werden die meisten Wörter so **geschrieben**, wie sie **gesprochen** werden.

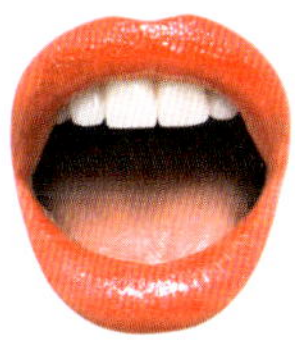

Aber leider kann man **nicht immer** eindeutig von der Aussprache auf die Schreibung – und umgekehrt – schließen.

Tipp: Wer sich bei der Schreibung **unsicher** ist, sollte in jedem Fall ein **Wörterbuch** zur deutschen Rechtschreibung zu Rate ziehen!

(Das PONS Kompaktwörterbuch DEUTSCH ALS FREMDSPRACHE, ISBN 978-3-12-517541-9, hilft Ihnen bei Zweifelsfällen weiter.)

2 Der Artikel

Welche Artikel gibt es im Deutschen?

Wann benutze ich **welchen**?

Worauf muss ich besonders achten?

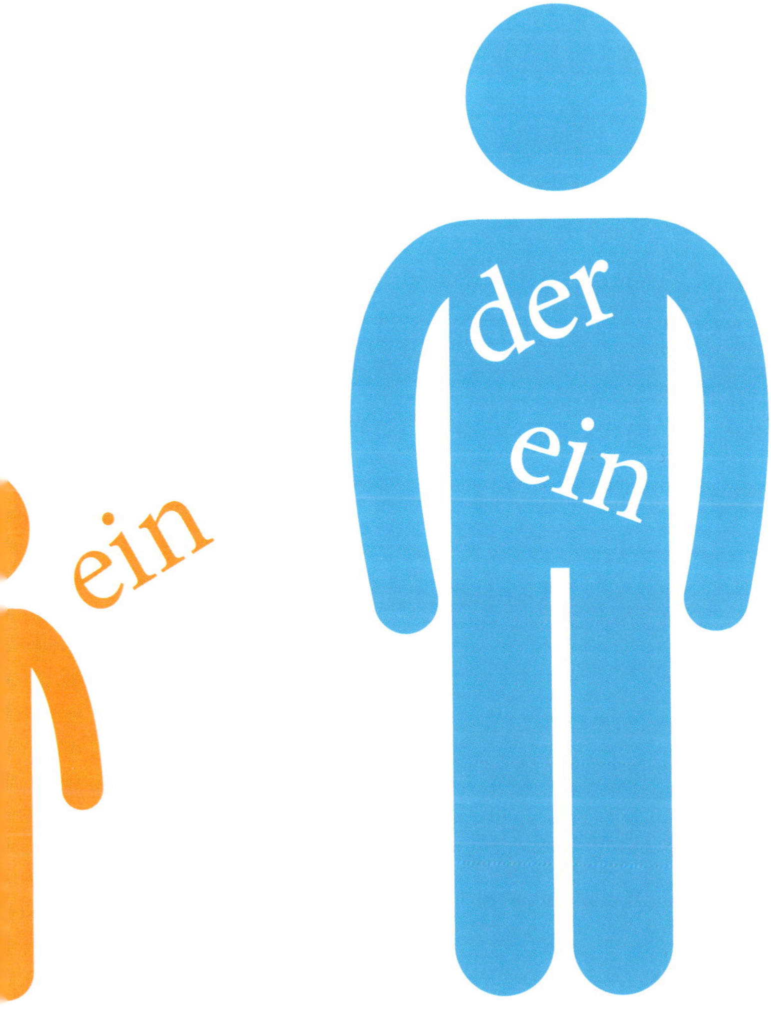
ein
der
ein

Im Deutschen gibt es ...

bestimmte Artikel

unbestimmte Artikel

Artikel stehen vor dem Substantiv.
Sie haben die Funktion
eines Begleiters.

Negationsartikel

keine Artikel

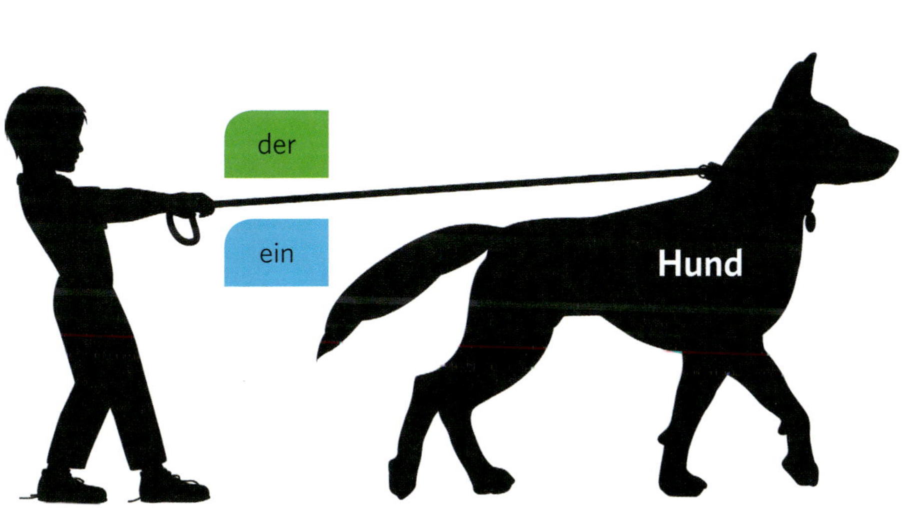

Der bestimmte Artikel

... bezeichnet etwas **Konkretes** oder schon **Bekanntes**.

<table>
<tr><th></th><th colspan="3">Singular</th><th>Plural</th></tr>
<tr><th></th><th>maskulin</th><th>neutral</th><th>feminin</th><th>m/n/f</th></tr>
<tr><td>Nominativ</td><td>der</td><td rowspan="2">das</td><td rowspan="2">die</td><td rowspan="2">die</td></tr>
<tr><td>Akkusativ</td><td>den</td></tr>
<tr><td>Dativ</td><td colspan="2">dem</td><td rowspan="2">der</td><td>den</td></tr>
<tr><td>Genitiv</td><td colspan="2">des</td><td>der</td></tr>
</table>

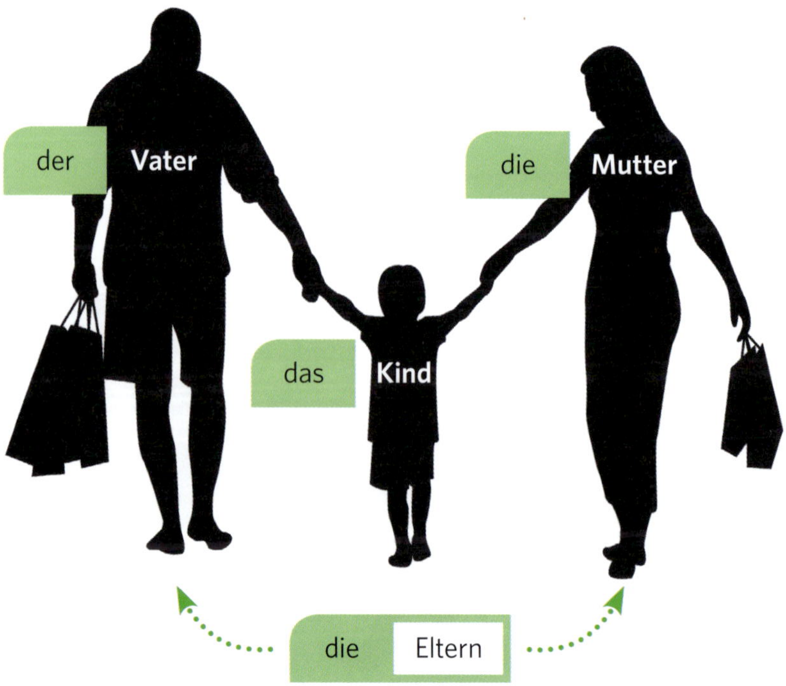

Verschmelzung von Präpositionen mit dem bestimmten Artikel

Die bestimmten Artikel **dem**, **das** und **der** werden mit einigen Präpositionen zu einem Wort zusammengezogen.

an / in / von + **dem** → am / im / vom

bei / zu + **dem** → beim / zum

an / auf / in + **das** → ans / aufs / ins

zu + **der** → zur

So können Sie die Regeln besser **ins** Gedächtnis einprägen!

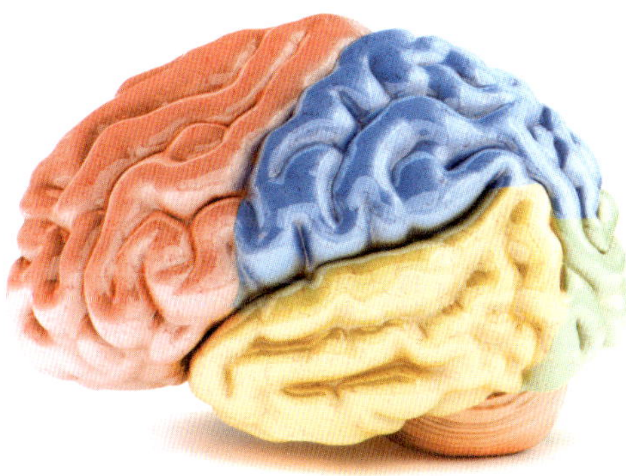

Der unbestimmte Artikel

... bezeichnet etwas **Neues** oder **Allgemeines**.

<table>
<tr><th></th><th colspan="3">Singular</th><th>Plural</th></tr>
<tr><th></th><th>maskulin</th><th>neutral</th><th>feminin</th><th>m/n/f</th></tr>
<tr><td>Nominativ</td><td>ein</td><td rowspan="2">ein</td><td rowspan="2">eine</td><td rowspan="4">-</td></tr>
<tr><td>Akkusativ</td><td>einen</td></tr>
<tr><td>Dativ</td><td colspan="2">einem</td><td rowspan="2">einer</td></tr>
<tr><td>Genitiv</td><td colspan="2">eines</td></tr>
</table>

Toll! Im Plural gibt es keinen unbestimmten Artikel.

Es gibt ...

einen Hund.

Der Negationsartikel

Mit diesem Artikel kann man etwas **verneinen**.

	Singular			Plural
	maskulin	neutral	feminin	m/n/f
Nominativ	kein	kein	keine	keine
Akkusativ	keinen	kein	keine	keine
Dativ	keinem	keinem	keiner	keinen
Genitiv	keines	keines	keiner	keiner

Im **Singular** sind die Endungen des unbestimmten Artikels und des Negationsartikels **gleich!**

Im Unterschied zu **ein** hat **kein** aber **Pluralformen**.

Es gibt ...

keinen Hund.

Die Negation mit kein oder nicht

kein

steht als Artikel vor Substantiven ...

... anstelle eines unbestimmten Artikels.

... ohne Artikel.

nicht

steht vor Substantiven ...

... mit einem bestimmten Artikel.

Er trägt **keine** Hose.

Er trägt **nicht** die blauen, sondern die rosa Socken.

Die Artikel in Verbindung mit sein und werden

bestimmter Artikel

Es geht um eine spezielle Person ...

- bei der Berufsbezeichnung.
  - Er wird **der** beste Musiker aller Zeiten sein.
- bei der sozialen Stellung.
  - Er ist **der** Sonnenkönig.

unbestimmter Artikel

Es geht um eine besondere Eigenschaft ...

- der Berufsbezeichnung.
  - Aber gerade ist er nur **ein** lebhaftes Kind.
- der sozialen Stellung.
  - Er ist **ein** kluger König.

Der Gebrauch der unbestimmten und bestimmten Artikel

Es geht um eine neue Person.

Meine Schwester hat **ein** Kind, Andreas.

Das Kind meiner Schwester hat ...

Die Person ist schon bekannt.

Es geht um eine neue Sache.

... **ein** neues Bett.

Das neue Bett von Andreas ist aber etwas kurz ...

Die Sache ist schon bekannt.

Es geht um keine spezielle Sache.

Gib mir **ein** Messer. (Es ist egal welches.)

Es geht um eine spezielle Sache.

Gib mir **das** Messer! (... und nicht die Gabel. Ich will genau dieses Küchenutensil.)

Der **bestimmte** Artikel steht außerdem bei Begriffen, die einmalig sind:

bekannte Bauwerke

das Brandenburger Tor
der Eiffelturm

einige Staatsnamen

der Irak
die USA

geografische Eigennamen

die Alpen
der Rhein

Namen für Institutionen

das Finanzamt
das Rathaus

Namen für Persönlichkeiten

der Papst
die Queen

Epochen, historische Ereignisse

der Futurismus
die deutsche Wiedervereinigung

Kein Artikel steht ...

... beim Plural von unbestimmten Artikeln.

Sie liebt **Tiere**.

Guten Tag, **Frau Henne**!

... bei Vor- und Nachnamen.

... bei Berufsbezeichnungen.

Sie ist **Friseurin**.

Er ist **Franzose**.

... bei Nationalitäten und Religionen.

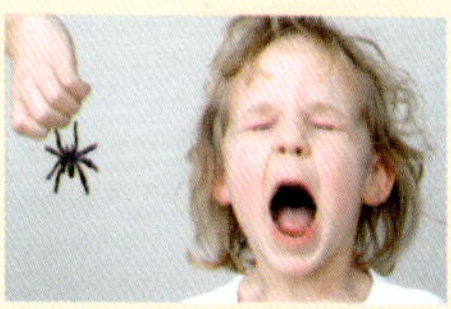

... bei Abstrakta.
(Das sind Wörter, die etwas Nichtgegenständliches bezeichnen.)

Sie hat **Angst** vor Spinnen.

Ich brauche **Geld**!

... bei nicht zählbaren Dingen.

... bei Materialien und Stoffen.

Wir sind aus **Wolle**.

Ich wohne in **Deutschland**.

... bei Städten und Ländern.

... bei Krankheiten.

Er leidet an **Kopfschmerzen**.

Ich hätte gern zwei Kilo **Katze**.

... nach Mengenangaben.

... bei Überschriften.

Tiger bricht aus Zoo aus – **Panik** in Berlin.

Schönes **Sofa** (mit **Schwiegervater**) zu verkaufen.

... bei Anzeigen.

3 Das Substantiv

Was sind Substantive?

Wann verwende ich sie?

Und **worauf** muss ich im Deutschen achten?

Wie Sie sicher schon bemerkt haben,
schreibt man die deutschen Substantive **groß**!
Außerdem haben sie noch **3** wichtige **Merkmale**:

1
Genus

- maskulin
- feminin
- neutral

Das **Genus** (Geschlecht) erkennt man am **Artikel** und manchmal an der **Wortendung**.

2
Numerus

- Singular
- Plural

Die **Plural**signale sind der **Artikel** (immer: die) und **die** **Endungen**.

Vor den Substantiven können nicht nur bestimmte und unbestimmte Artikel stehen, sondern auch:

andere Artikelwörter: **dieser** Hund
Adjektive: ein **hungriger** Hund
Zahlwörter: **zwei** Dosen Futter
Partizipien: das **hausgemachte** Futter

3 Kasus

- Nominativ
- Akkusativ
- Dativ
- Genitiv

In welchem **Kasus** (Fall) ein Substantiv steht, hängt von der **Funktion** ab, die das Nomen im Satz einnimmt.

Substantive **bezeichnen**:

Konkretes	Abstraktes	Eigennamen
Lebewesen		
Dinge/Sachen		

der Hund	der Hunger	Bodo
das Futter		

Das Genus

Die Artikel **der**, **die**, **das** machen das Genus (**= Geschlecht**) eines Substantivs deutlich.

Ohne Artikel ist es oft schwer, das Genus zu erkennen.

Nur bei Personen ist es leicht, denn das natürliche Geschlecht ist mit dem grammatischen Geschlecht identisch: **die** Mutter / **der** Vater.

Aber Achtung! Kind ist neutral (das Kind), unabhängig vom natürlichen Geschlecht. Ebenso: alle Verkleinerungsformen (Diminutiva) auf -chen und -lein. (z.B. das Männchen, das Fräulein)

Aber warum ist:

der Löffel maskulin,

die Gabel feminin und

das Messer neutral?

Man weiß es leider nicht ...

Daher ist es am besten, das Substantiv immer zusammen mit dem Artikel zu lernen.

Ein paar Besonderheiten

Bei der Zuordnung zum Genus wird manchmal nicht zwischen Mann und Frau unterschieden, z.B.:

Das Geschlecht mancher Substantive und ihrer Abkürzungen ist nur am Artikel zu erkennen, weil sich das Wort selbst nicht ändert:

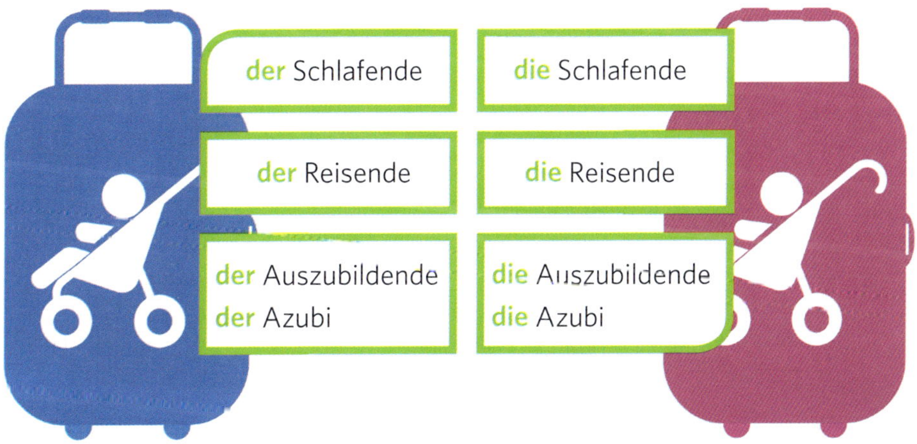

Zum Glück gibt es einige Regeln, die dabei helfen, das **Geschlecht** eines Substantivs zu erkennen.

Das geht anhand der Bedeutung ...

- Männliche Personen und Berufsbezeichnungen:
  der **Mann**, der **Arzt** ...
- Wochentage, Monate, Jahreszeiten:
  der **Freitag**, der **Mai**, der **Sommer** ...
- Himmelsrichtungen:
  der **Norden**, der **Süden**, der **Osten**, der **Westen**
- Wetter:
  der **Regen**, der **Frost**, der **Nebel** ...
- Automarken:
  der **Skoda**, der **Volvo**, der **BMW** ...
- Alkohol:
  der **Wein**, der **Gin**, der **Schnaps** ... aber **das Bier!**

maskulin

... oder der Endungen.

- **-er** (meistens): der Koff**er**, der Spiel**er** ...
- **-en:** der Ras**en**, der Of**en** ...
- **-ig:** der Ess**ig**, der Hon**ig** ...
- **-ling:** der Zwil**ling**, der Früh**ling** ...
- Fremdwörter auf **-or**, **-ist** und **-ismus**:
  der Organisat**or**, der Pessim**ist**, der Optim**ismus** ...

Weibliche Personen und Berufsbezeichnungen (auf **-in**):
die **Frau**, die **Lehrerin** ...

die Namen von Bäumen und vieler Blumen:
die **Rose**, die **Tulpe**, die **Lilie** ...

-e (meistens): die Lamp**e**, die Erd**e** ...

-ei: die Bäcker**ei**, die Schneider**ei** ...

-heit: die Frei**heit**, die Krank**heit** ...

-keit: die Wirklich**keit**, die Süßig**keit** ...

-schaft: die Freund**schaft**, die Gesell**schaft** ...

-ung: die End**ung**, die Heiz**ung** ...

Fremdwörter auf **-ät**, **-ik**, **-ion**, **-ie**, **-ur** und **-enz**:
die Universit**ät**, die Kriti**k**, die Nat**ion**, die Demokrat**ie**,
die Kult**ur**, die Konsequ**enz** ...

neutral

- **Substantivierungen** von Verben (im Infinitiv):
  das **Essen**, das **Rauchen** ...

- **Substantivierungen** von Adjektiven:
  das **Gute**, das **Schönste** ...

- **-chen** und **-lein** (Verkleinerung):
  das Mäus**chen**, das Mäus**lein** ...

- **-ment** (meistens):
  das Instru**ment**, das Doku**ment** ...

- **-nis** (meistens):
  das Geheim**nis**, das Ergeb**nis** ...

- **-tum:**
  das Brauch**tum**, das Eigen**tum** ...

- **-um** (meistens):
  das Muse**um**, das Zentr**um** ...

Der Numerus

Substantive haben in der Regel eine Form im **Singular** und eine im **Plural**.

Plural bedeutet Mehrzahl!

Der bestimmte Artikel lautet im Plural für alle Substantive **die**!

Es gibt einige Regeln und Tendenzen für **Pluralformen**.

Es sind keine festen Regeln, aber sie stimmen zum Glück meistens!

-e oft mit Umlaut!	- viele einsilbige Substantive - mehrsilbige Maskulina - alle Feminina mit Umlaut im Plural	das Fest > die Feste der Salat > die Salate die Nacht > die Nächte der Ball > die Bälle
-se	- Neutra auf **-nis**	das Geheimnis > die Geheimnisse

> die Hand

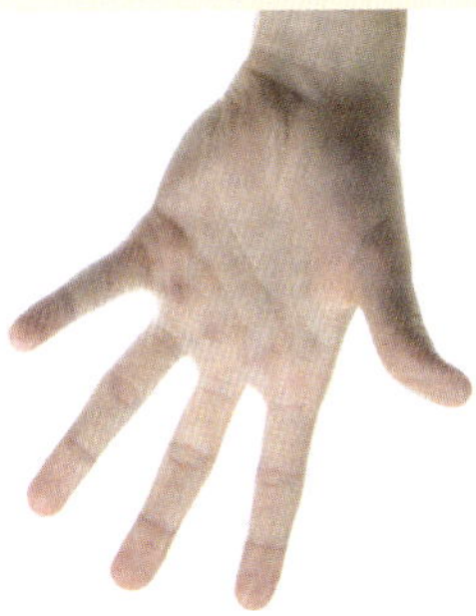

> die Hände

Endung	Regel	Beispiele
-er	- einsilbige Neutra - Neutra mit Umlaut im Plural - einige Maskulina mit Umlaut im Plural	das Kind > die Kind**er** das Buch > die B**ü**ch**er** der Mann > die M**ä**nn**er**
-n	- viele Feminina - bei Wortendung auf Vokal, auf **-er** oder auf **-el** - Maskulina auf **-e**	die Lampe > die Lampe**n** die Regel > die Regel**n** der Kollege > die Kollege**n**
-en	- bei Wortendung auf Konsonant, **-ung**, **-au** oder **-heit/-keit**	die Uhr > die Uhr**en** die Übung > die Übung**en**
-nen	- Feminina auf **-in**	die Freundin > die Freundin**nen**

> die Flasche

> die Flasche**n**

- endungslos oft mit Umlaut!	- immer bei Wortendung auf **-chen**, **-lein** - meistens bei Wortendung auf **-el**, **-en**, **-er**	das Mädchen > die Mädchen das Leben > die Leben der Koffer > die Koffer der Vater > die Väter der Mantel > die Mäntel
- s	- bei vielen Fremdwörtern und Substantiven auf **-a**, **-i**, **-o**	das Hotel > die Hotels das Foto > die Fotos

> das Baby

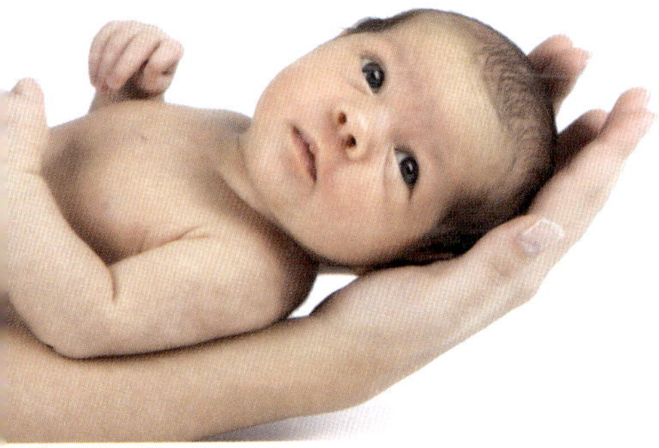

> die Babys

Achtung! Die Pluralformen von Fremdwörtern aus dem Lateinischen oder Griechischen werden oft anders gebildet:

das Museum > die Museen

das Praktikum > die Praktika

die Firma > die Firmen

das Lexikon > die Lexika

Manche Wörter gibt es nur im **Singular**, weil man sie nicht zählen kann.

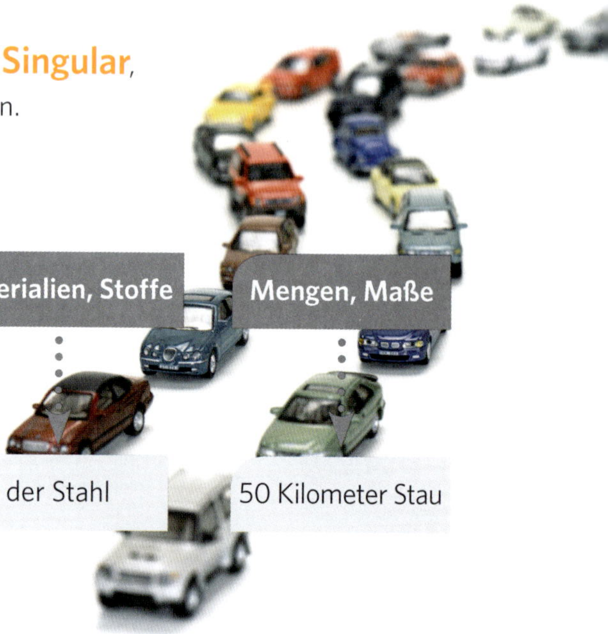

Abstrakta → die Geduld

Materialien, Stoffe → der Stahl

Mengen, Maße → 50 Kilometer Stau

Kollektiva
- Dinge
- Personen
- Tiere, Pflanzen

→ das Gepäck, das Publikum, das Obst

Infinitive → das Reisen

Wetter → die Hitze

Und einige Wörter gibt es nur im **Plural**:

geografische Bezeichnungen

die Alpen

Zeitabschnitte

die Ferien

Personengruppen

die Eltern

die Leute

Kollektiva aus dem Handel

die Lebensmittel

die Spirituosen

außerdem:

die Finanzen

die Papiere

die Personalien

die Textilien

Der Kasus

Jedes Substantiv hat verschiedene **Kasus**formen, die von der **Funktion** abhängen, die es im Satz hat.

Je nach Funktion **ändern sich** der **Artikel** und machmal auch das **Substantiv**.

Diese Funktion wird **festgelegt** durch:

- ein Verb
- eine Präposition
- ein anderes Nomen

Ich **sehe** gerade einen Film **auf** dem **Sessel** meiner Besitzerin.

Man unterscheidet **vier** Kasusformen:

1 **Nominativ** > **Ich** gebe dir die Nummer meiner Hebamme!

2 **Akkusativ** > Ich gebe dir **die Nummer** meiner Hebamme!

3 **Dativ** > Ich gebe **dir** die Nummer meiner Hebamme!

4 **Genitiv** > Ich gebe dir die Nummer **meiner Hebamme!**

Aber wann soll welche Kasusform verwendet werden?

Auf den folgenden Seiten sehen Sie eine Übersicht.

1 Nominativ

Er steht für das Subjekt des Satzes ...

Sie sind so süß.

... und nach den Verben **sein**, **bleiben**, **werden**:

Er ist **mein bester Freund**.

2 Akkusativ

Er steht für das Akkusativobjekt des Satzes ...

Ich kann **dich** nicht gut hören.

... und nach Präpositionen wie **durch**, **für**, **gegen**, **ohne**, **um**.

Ich bin immer für **dich** da!

Dativ 3

Er steht für das **Dativobjekt** des Satzes ...

Darf ich **dir** einen Kuss geben?

... und nach **Präpositionen** wie **aus**, **bei**, **mit**, **von**, **zu**.

Bleib immer bei **mir**!

Genitiv 4

Er steht für ein **Genitivobjekt** ...

Das bedarf **keiner Worte**.

... und nach **Präpositionen** wie **dank**, **infolge**, **wegen**, **trotz**.

Wegen **der Unterschiede** sind wir gute Freunde.

Der **Artikel** allein zeigt meist **Genus** und **Kasus** des Substantivs.

Das Substantiv selbst hat nur **wenige Endungen**.

	maskulin I	neutral	feminin	
Nominativ	der Vater	das Kind	die Mutter	Sg.
Akkusativ	den Vater	das Kind	die Mutter	
Dativ	dem Vater	dem Kind	der Mutter	
Genitiv	des Vater**s**	des Kind**es**	der Mutter	
Nominativ	die Väter	die Kinder	die Mütter	Pl.
Akkusativ	die Väter	die Kinder	die Mütter	
Dativ	den Väter**n**	den Kinder**n**	den Mütter**n**	
Genitiv	der Väter	der Kinder	der Mütter	

Außerdem gibt es eine besondere Deklination: die **n-Deklination.**

	maskulin II	
Nominativ	der Affe	Sg.
Akkusativ	den Affe**n**	
Dativ	dem Affe**n**	
Genitiv	des Affe**n**	
Nominativ	die Affe**n**	Pl.
Akkusativ	die Affe**n**	
Dativ	den Affe**n**	
Genitiv	der Affe**n**	

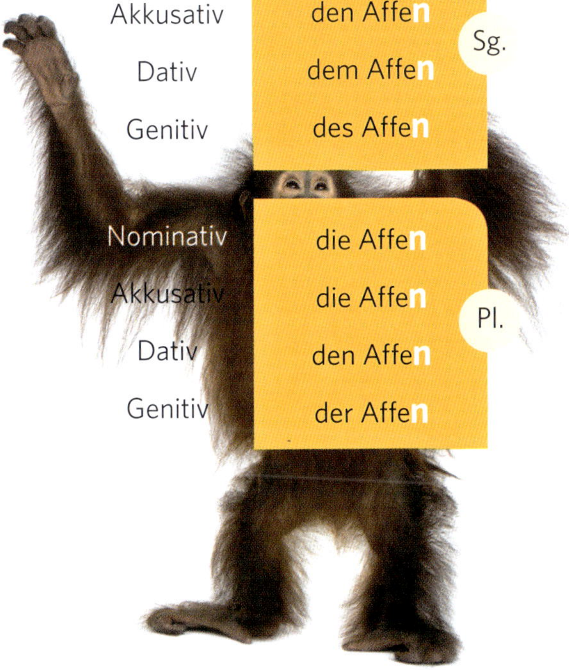

Zu dieser Deklination gehören:

- Maskuline **Lebenwesen**, die auf **-e** enden (+ der Mensch, der Nachbar):
  der Junge, der Kollege,
  der Kunde, der Affe,
  der Löwe, der Rabe
- Maskuline Nomen aus dem Lateinischen oder Griechischen auf **-and**, **-ant**, **-at**, **-ent**, **-graf**, **-ist**, **-oge**:
  der Doktorand, der Praktikant,
  der Diplomat, der Student,
  der Fotograf, der Sozialist,
  der Biologe
- Einige maskuline Nomen mit der Endung **-e** und ein Neutrum (das Herz) haben im **Genitiv** zusätzlich ein **-s**:
  der Name – des Namens
  der Friede – des Friedens
  das Herz – des Herzens
- **Nationalitäten** mit der Endung **-e**:
  der Franzose, der Pole,
  der Türke usw.

> Eine Übersicht finden Sie auf der nächsten Seite ...

Nationalitäten

	maskulin I	maskulin II
Nominativ	der Italiener	der Grieche
Akkusativ	den Italiener	den Griechen
Dativ	dem Italiener	dem Griechen
Genitiv	des Italieners	des Griechen

ebenso:
Belgier
Engländer
Niederländer
Schweizer
Spanier
…

Bei Nationalitätenbezeichnungen für **Frauen** stehen immer die Endungen **-in**/**-innen**:

Italienerin/Italienerinnen
Griechin/Griechinnen

ebenso:
Bulgare
Däne
Portugiese
Rumäne
Russe
…

Der/die Deutsche wird wie ein **Adjektiv** dekliniert. Der Plural zu **ein Deutscher** lautet **Deutsche** (ohne -n), aber **die Deutschen**!

Besonderheiten der Kasusformen

Im Genitiv:

- Viele **einsilbige** Nomen und Nomen auf -s, -ß, -sch, -st, -z, -x haben die Genitivendung **-es**:

  das Haus – des Hauses
  der Fisch – des Fisches
  der Herbst – des Herbstes

- Aber bei **Personennamen** auf -s, -ß, -x steht nur ein **Apostroph**:

  Max' Fisch ist sehr lecker!

- Bei **Personennamen** und geografischen **Eigennamen** wird ein -s an den Namen angehängt:

  Ankes Haus befindet sich im Zentrum Berlins.

Vor allem in der gesprochenen Sprache ersetzen **von** + **Dativ** den Genitiv:

das Haus von Anke / der Fisch von Max

Im Dativ:

- Der Dativ Plural endet immer auf -n.
  Ausnahmen: Nomen mit Plural auf -s:

  das Auto – den Autos
  das Büro – den Büros
  das Foto – den Fotos

4 Das Adjektiv

Was sind Adjektive?

Wofür benötige ich sie?

Wie bilde ich sie?

glücklich

traurig

Adjektive sind Wörter, die besondere **Eigenschaften** und **Merkmale** bezeichnen.

Personen	Das Baby ist **müde**. – ein **müdes** Baby
Dinge	Der Brei ist **fertig**. – der **fertige** Brei

Sie lassen sich **deklinieren** ...
(aber nur, wenn sie **vor** einem Substantiv stehen)
Adjektive folgen **3** unterschiedlichen Deklinationen:

1	2	3
Adjektive **ohne** Artikel	Adjektive nach **bestimmtem** Artikel	Adjektive nach **unbestimmtem** Artikel

freund**lich**

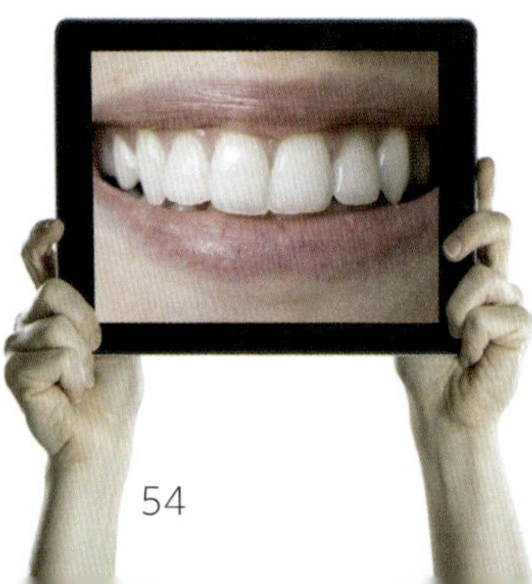

Adjektive haben eine bestimmte Form.

Die meisten werden aus anderen Wortarten abgeleitet, indem man eine **Nachsilbe** anhängt oder eine **Vorsilbe** davorstellt.

unfreundlich

Sie können ausdrücken,
wie jemand etwas tut:

Sie arbeitet **unermüdlich**.

... und **steigern!**

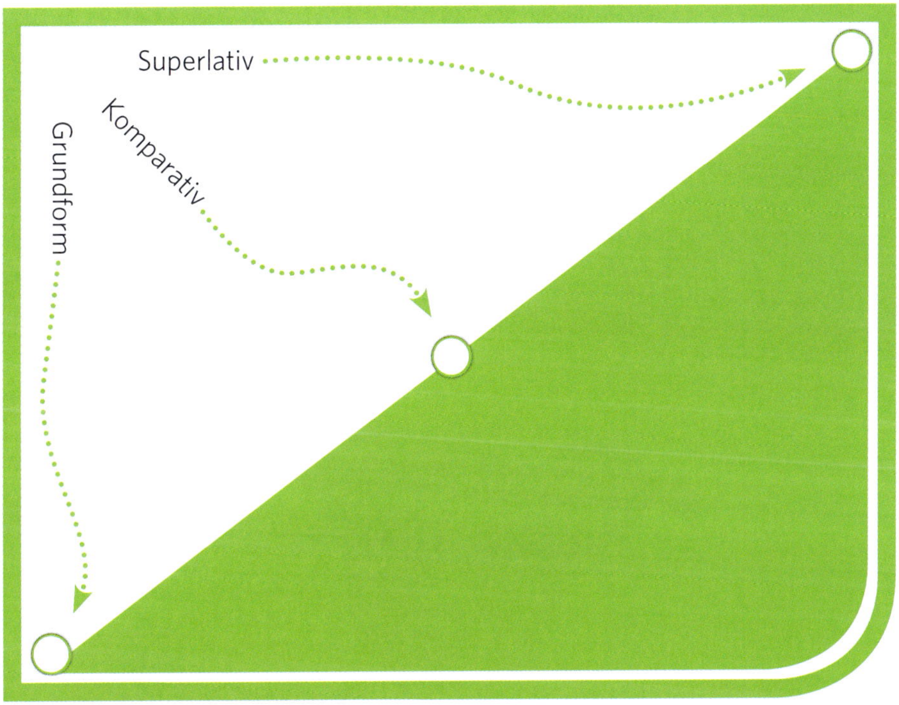

Schließlich können Adjektive und Partizipien auch nominalisiert werden. Das bedeutet: sie werden zu Substantiven, nehmen aber die Endungen mit!

Die Bildung der Adjektive

Viele Adjektive **entstehen**,
indem an **andere Wortarten**
(wie z.B. Substantive, Verben oder
andere Adjektive) ...

Suffixe

-bar | -haft | -ig | -isch | -lich | -los | -sam

… oder **Präfixe** angehängt werden:

un- **über-** **wider-** **miss-**

Hallo alle zusammen! Ich stelle mich vor:

Ich bin wunder**bar** (> das Wunder)
zauber**haft** (> der Zauber)
erfinder**isch** (> erfinden)
spar**sam** (> sparen)

Aber ab und zu bin ich ein bisschen:

unsicher (> sicher)
überfragt (> fragen)

Oft wird ein anderes Wort
mit einem Adjektiv zusammengesetzt:

(der) **Stein** + **reich** = **steinreich**

Oder man kann zwei Adjektive
nebeneinander setzen:

süß + **sauer** = **süßsauer**

Und schließlich kann man auch Partizipien als Adjektiv verwenden:

Partizip I
(Infinitiv + **-d**):

ein **spielendes** Kind
(ein Kind, das spielt)

Partizip II:

das **gespielte** Stück
(das Stück,
das gespielt wurde)

Die Deklination der Adjektive

Adjektive beziehen sich in der Regel auf ein Substantiv und können im Satz auf verschiedene Weise stehen:

1 Substantiv | Adjektiv

Dein Lächeln ist so sauber.

Es bleibt unverändert!

ein saubere**s** Lächeln

2 Adjektiv | Substantiv

Es wird dekliniert!

Wenn das Adjektiv **vor** dem Substantiv steht, stimmt es in Genus, Numerus und Kasus damit überein.

Adjektive **ohne** Artikel

	maskulin	neutral	feminin	Plural
Nom.	lang**er** Nagel	lang**es** Bein	lang**e** Nase	lang**e** Haare
Akk.	lang**en** Nagel	lang**es** Bein	lang**e** Nase	lang**e** Haare
Dat.	lang**em** Nagel	lang**em** Bein	lang**er** Nase	lang**en** Haaren
Gen.	lang**en** Nagels	lang**en** Beins	lang**er** Nase	lang**er** Haare

Die **Endung** der Adjektive **ohne** Artikel kennen Sie schon!

Sie sind identisch mit dem **letzten Buchstaben** des bestimmten Artikels.

Ausnahme!
Genitiv Singular maskulin und neutral mit der Endung: **-en**

Ich fühle mich in **guten** Händen.

Hier die Adjektivendungen ohne Artikel im Überblick:

1

<table>
<tr><th></th><th>maskulin</th><th>neutral</th><th>feminin</th><th>Plural</th></tr>
<tr><td>Nom.</td><td>-er</td><td rowspan="2">-es</td><td rowspan="2">-e</td><td rowspan="2">-e</td></tr>
<tr><td>Akk.</td><td>-en</td></tr>
<tr><td>Dat.</td><td colspan="2">-em</td><td rowspan="2">-er</td><td>-en</td></tr>
<tr><td>Gen.</td><td colspan="2">-en</td><td>-er</td></tr>
</table>

Ebenso nach:
einige, **mehrere**, **viele**, **wenige** und nach Zahlwörtern.

Heute habe ich **zwei linke** Hände!

Adjektive nach **bestimmtem** Artikel

	maskulin	neutral	feminin
Nom.	der klein**e** Stuhl	das klein**e** Bett	die klein**e** Lampe
Akk.	den klein**en** Stuhl	das klein**e** Bett	die klein**e** Lampe
Dat.	dem klein**en** Stuhl	dem klein**en** Bett	der klein**en** Lampe
Gen.	des klein**en** Stuhls	des klein**en** Bettes	der klein**en** Lampe

	Plural
Nom.	die klein**en** Tische
Akk.	die klein**en** Tische
Dat.	den klein**en** Tischen
Gen.	der klein**en** Tische

Die Adjektive haben nur zwei Endungen: **-e** und **-en**.

Nur der **Artikel** trägt die Merkmale für Numerus, Genus und Kasus.

Hier die Adjektivendungen nach bestimmtem Artikel im Überblick:

2

	maskulin	neutral	feminin	Plural
Nom.	-e	-e	-e	-en
Akk.	-en	-e	-e	-en
Dat.	-en	-en	-en	-en
Gen.	-en	-en	-en	-en

Diese Endungen werden ebenso angewendet bei: **mancher**, **welcher**, **jeder**, **solcher**, den Demonstrativartikeln **dieser**, **jener** und den Indefinitpronomen (im Plural) **alle**, **beide**, **sämtliche**.

Dieser neue Sessel ist aber unbequem!

Hast du schon **alle alten** Möbel verkauft?

Adjektive nach **unbestimmtem** Artikel

	maskulin	neutral	feminin
Nom.	ein alt**er** Wolf	ein alt**es** Pferd	eine alt**e** Katze
Akk.	einen alt**en** Wolf	ein alt**es** Pferd	eine alt**e** Katze
Dat.	einem alt**en** Wolf	einem alt**en** Pferd	einer alt**en** Katze
Gen.	eines alt**en** Wolfs	eines alt**en** Pferds	einer alt**en** Katze

Hier die Adjektivendungen nach unbestimmtem Artikel (Sg.) im Überblick:

3

	maskulin	neutral	feminin
Nom.	**-er**	**-es**	**-e**
Akk.	**-en**	**-es**	**-e**
Dat.	**-en**	**-en**	**-en**
Gen.	**-en**	**-en**	**-en**

Ebenso nach:

kein, **irgendein**, **mein** (**dein**, **sein**, **ihr**, **unser**, **euer**)

Im Plural fällt der unbestimmte Artikel weg.

Der genauso deklinierte Negationsartikel **kein** hat aber einen Plural:

	Plural (mit kein)	Plural (ohne Artikel)
Nom.	keine alt**en** Tiere	alt**e** Tiere
Akk.	keine alt**en** Tiere	alt**e** Tiere
Dat.	keinen alt**en** Tieren	alt**en** Tieren
Gen.	keiner alt**en** Tiere	alt**er** Tiere

Wiederholung

Möchtest du uns vielleicht verlassen? Wir sind **deine süßen** Haustiere!

Besonderheiten bei der Deklination

› Adjektive mit der Endung **-er** und **-el** verlieren bei der Deklination das **-e**:

teu**er**	ein teu**r**es Haus
dunk**el**	ein dunk**l**es Zimmer

› Bei dem Adjektiv **hoch** fällt das **-c** weg:

hoch	die ho**h**e Stufe

› Manche Adjektive werden nicht dekliniert. Dazu gehören:

einige Farbadjektive, die auf Vokal enden:

rosa	ein **rosa** Luftballon
lila	eine **lila** Wand

... und Adjektive mit der Endung **-er**, die von Städten abgeleitet werden:

die **Berliner** Philharmoniker

Es ist möglich, dass zwei Adjektive **nebeneinander** stehen. Dann haben beide die **gleiche grammatische Endung.**

ein schwarzweiß**er** und gestreift**er** Overall

Adjektive und Partizipien als Nomen

Nominalisierte Adjektive und Partizipien werden wie ein Adjektiv dekliniert.

Hier die Endungen im Überblick:

	maskulin	feminin	Plural
Nom.	der Verwandte	die Verwandte	die Verwandten
Akk.	den Verwandten	die Verwandte	die Verwandten
Dat.	dem Verwandten	der Verwandten	den Verwandten
Gen.	des Verwandten	der Verwandten	der Verwandten

2

	maskulin	feminin	Plural
Nom.	ein Bekannter	eine Bekannte	Bekannte
Akk.	einen Bekannten	eine Bekannte	Bekannte
Dat.	einem Bekannten	einer Bekannten	Bekannten
Gen.	eines Bekannten	einer Bekannten	Bekannter

3

Auf der folgenden Seite sehen Sie einige Beispiele.

Adjekive als Nomen:

der/die Arbeitlose
der/die Deutsche
der/die Fremde
der/die Kranke

das Gute
das Beste

Partizip I als Nomen:

der/die Abwesende
der/die Anwesende
der/die Reisende
der/die Studierende
der/die Vorsitzende

Partizip II als Nomen:

der/die Angestellte
der/die Betrunkene
der/die Gefangene
der/die Verletzte
der/die Verliebte

die Verheirateten

die Geschiedenen

Die Steigerungsformen

Für Vergleiche verwendet man Adjektive in **3** Stufen:

1

Positiv

schnell

2

Komparativ

schnell**er**

Positiv + **-er**

3

Superlativ

am schnell**sten**

Positiv + **-sten**

Positiv	Der Positiv ist die **Grundform** und beschreibt eine Eigenschaft.
Komparativ	Der Komparativ bezeichnet den **höheren** Grad einer Eigenschaft.
Superlativ	Der Superlativ drückt den **höchsten** Grad einer Eigenschaft aus.

Der **Komparativ** und der **Superlativ** werden **dekliniert**, wenn sie **vor** einem **Substantiv** stehen. Sonst werden sie **nicht dekliniert!** (der Superlativ hat die Form „am ...-sten“.)

Ich reise immer mit dem **billigeren** Verkehrsmittel.

Von hier oben habe ich die **schönste** Aussicht.

Der Zauberteppich ist **am** umweltfreundlich**sten**.

Besonderheiten bei den Steigerungsformen

Endung **-est** im Superlativ nach -d, -t, -s, -ss, -ß, -sch, -z, -tz, -x:	wil**d** brei**t** nas**s** hei**ß**	wilder breiter nasser heißer	am wild**est**en am breit**est**en am nass**est**en am heiß**est**en
bei den meisten einsilbigen Adjektiven: a, o, u > **ä**, **ö**, **ü**:	arm grob jung	**ä**rmer gr**ö**ber j**ü**nger	am **ä**rmsten am gr**ö**bsten am j**ü**ngsten
im Komparativ verlieren die Adjektive auf **-el** und **-er** das **-e-**:	dunk**el** teu**er** sau**er**	dunk**ler** teu**rer** sau**rer**	am dunkelsten am teuersten am sauersten
Einige Adjektive haben unregelmäßige Steigerungsformen:	**gut** **hoch** **nah** **viel**	**bess**er h**öh**er n**äh**er **mehr**	am **be**sten am h**öch**sten am n**äch**sten am **meisten**

Die Vergleiche

Gleichheit	=	**so** ... **wie**
Ungleichheit	≠	(Komparativ) **als** ...

Er ist dick**er als** der Freund.

Der Komparativ zeigt bei einem Vergleich immer einen Unterschied zum Höheren an.

Dagegen kann ein Unterschied nach unten hin so ausgedrückt werden:

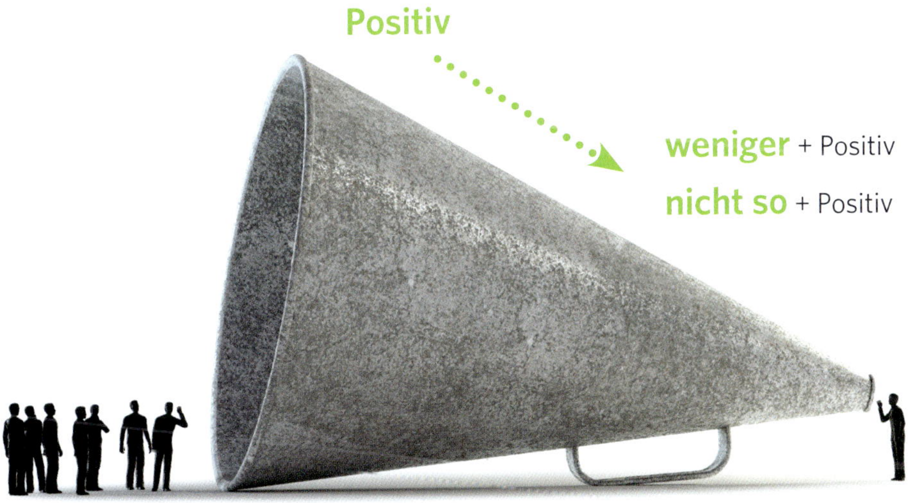

Könnten Sie bitte **weniger** laut/**nicht so** laut sprechen?

Maximum bzw. Minimum

Mit dem Superlativ vergleicht man, wie gesagt, mehrere Personen oder Sachen und nennt die Höchststufe aus dieser Gruppe.

Wenn man davon nur eine nennen möchte, benutzt man diese Form:

unbestimmter Artikel	Superlativ im Genitiv	Substantiv

Was?!?! Bin ich nur eine **der schönsten** Frauen im ganzen Land?

Verstärkung der Adjektive

Manchmal möchte man die Bedeutung des Adjektivs verstärken oder abschwächen.

Dafür können die folgenden Adverbien benutzt werden:

+	-
sehr	halbwegs
besonders	recht
ganz	relativ
total	ziemlich

eine **besonders** mutige Frau

ein **recht** unangenehmer Kuss

5 Das Zahlwort

1, 2, 3 … **wie** zähle ich auf Deutsch?

Welche Arten von Zahlen gibt es?

Wann und **wie** wende ich sie an?

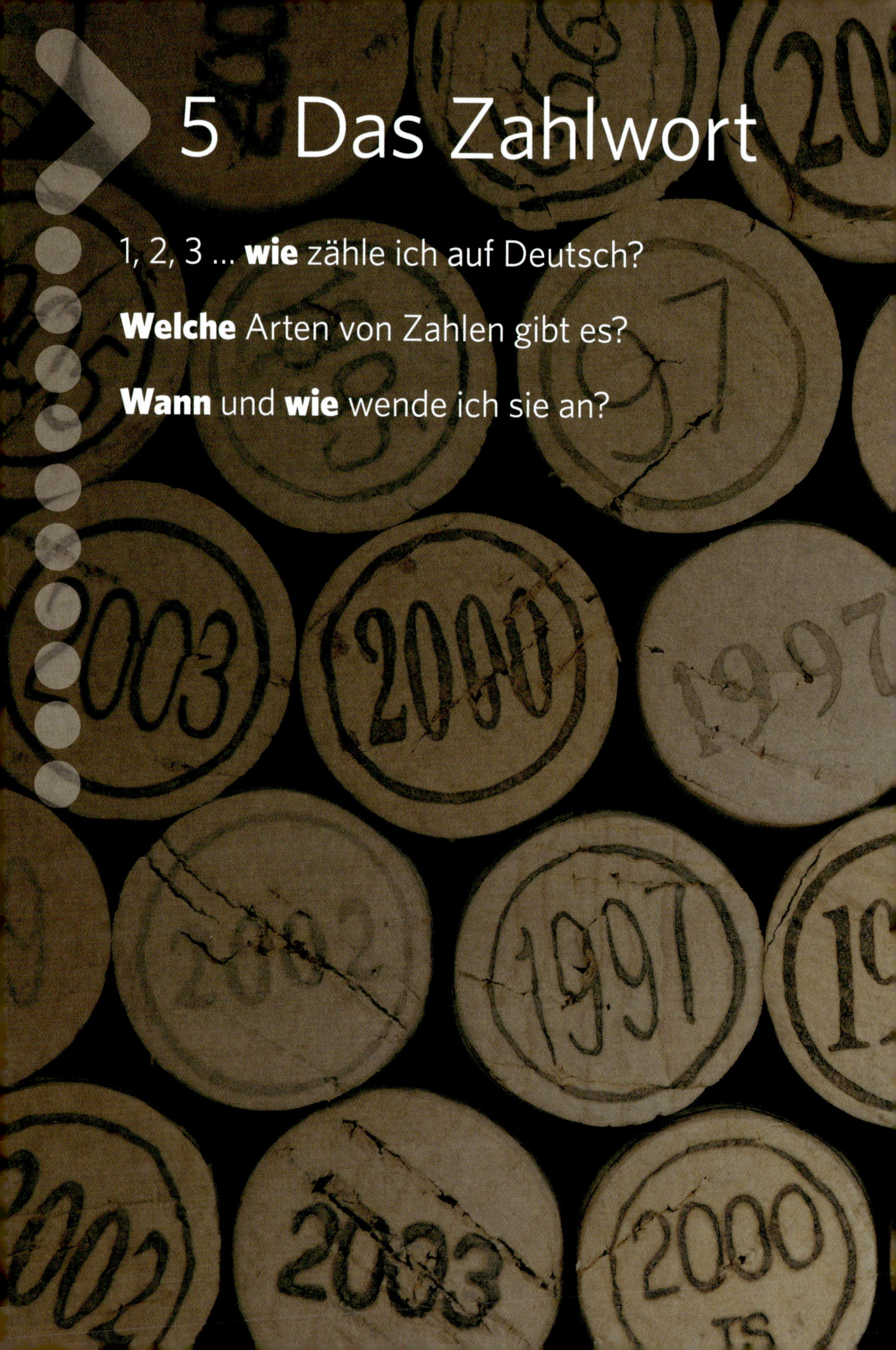

1996
1999
1993
1994
2001
1999
1999

Die Zahlen im Deutschen können unterschiedliche **Zwecke** erfüllen.

Grundzahlen

Rechnen

weitere Zahlwörter

Ordnungszahlen

Die Grundzahlen

0 - 9	10 - 19	20 - 29	30 - 90
0 null	10 zehn	20 zwan**zig**	
1 eins	11 elf	21 einundzwan**zig**	
2 zwei	12 zwölf	22 zweiundzwan**zig**	
3 drei	13 drei**zehn**	23 dreiundzwan**zig**	30 drei**ßig**
4 vier	14 vier**zehn**	24 vierundzwan**zig**	40 vier**zig**
5 fünf	15 fünf**zehn**	25 fünfundzwan**zig**	50 fünf**zig**
6 sechs	16 sech**zehn**	26 sechsundzwan**zig**	60 sech**zig**
7 sieben	17 sieb**zehn**	27 siebenundzwan**zig**	70 sieb**zig**
8 acht	18 acht**zehn**	28 achtundzwan**zig**	80 acht**zig**
9 neun	19 neun**zehn**	29 neunundzwan**zig**	90 neun**zig**

Besonderheiten

- Die zweistelligen Zahlen liest man rückwärts!

dreiund**dreißig**

- **Eins** kann als Zahlwort nicht vor einem Substantiv stehen. Man verwendet den unbestimmten Artikel.

ein Haus

eine Hausnummer

Weitere Grundzahlen

100	(ein)hundert	1000	(ein)tausend
200	zweihundert	2000	zweitausend
300	dreihundert	...	
400	vierhundert	10.000	zehntausend
500	fünfhundert	11.000	elftausend
600	sechshundert	...	
700	siebenhundert	100.000	(ein)hunderttausend
800	achthundert	1.000.000	eine Million
900	neunhundert	1.000.000.000	eine Milliarde

Ab fünfstelligen Zahlen setzt man im Deutschen ein Tausendertrennzeichen.

Ab einer **Million** werden die Zahlen nicht zusammengeschrieben:

Wir waren **sieben** Milliarden ...

Kombinationen

578 > **fünfhundertachtundsiebzig**

2466 > **zweitausendvierhundertsechsundsechzig**

15.350 > **fünfzehntausenddreihundertfünfzig**

Der Gebrauch der Grundzahlen

Jahreszahlen

So **spricht** man die Jahreszahlen:

1989 > neunzehnhundertneunundachtzig

2015 > zweitausendfünfzehn

Im **Satz** kann man sie so benutzen:

2015 wird das Buch herausgegeben.

Im Jahr 2015 wird das Buch herausgegeben.

Uhrzeit

Im Deutschen gibt es **zwei** Möglichkeiten, die Uhrzeit auszudrücken:

Es gibt eine **offizielle** Zeitangabe (Zählung von 0 bis 24), die man in offiziellen Situationen (Radio, Bahnhof, Flughafen ...) hört:

Achtung! Der Zug fährt um **zehn Uhr zehn** ab.

… und eine **umgangssprachliche**, die man normalerweise im täglichen Sprachgebrauch benutzt.

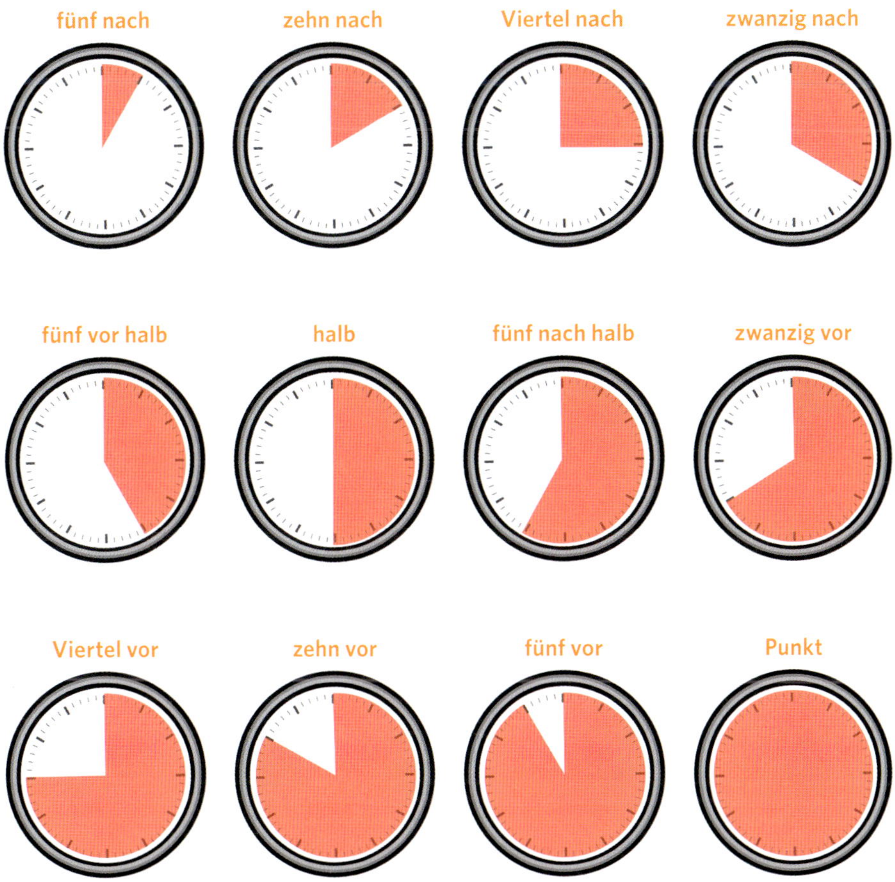

Verdammt! Es ist schon **Viertel nach zehn**. Ich habe den Zug verpasst …

Noch ein paar Beispiele:

Man schreibt:	Man sagt:
1.00 Uhr / 13.00 Uhr	**ein Uhr / eins**
1.15 Uhr / 13.15 Uhr	**Viertel nach eins**
1.30 Uhr / 13.30 Uhr	**halb zwei**
1.45 Uhr / 13.45 Uhr	**Viertel vor zwei**
1.58 Uhr / 13.58 Uhr	**kurz vor zwei**
2.03 Uhr / 14.03 Uhr	**kurz nach zwei**
00.00 Uhr / 12.00 Uhr	**Mitternacht / zwölf**

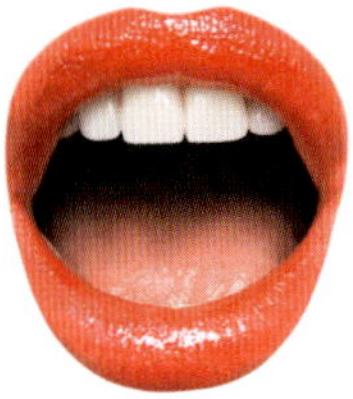

Nach der Uhrzeit kann man folgendermaßen ...

... **fragen**	... und **antworten**:
Wie spät ist es? Wie viel Uhr ist es?	Es ist Viertel vor acht.
Um wie viel Uhr beginnt der Film? Wann treffen wir uns?	Um halb neun.

Rechnen

5 + 3 = 8	Fünf **plus** drei ist (gleich) acht.
8 − 2 = 6	Acht **minus** zwei ist (gleich) sechs.
4 × 3 = 12	Vier **mal** drei ist (gleich) zwölf.
12 : 6 = 2	Zwölf (geteilt) **durch** sechs ist (gleich) zwei.
0,5	null **Komma** fünf
3,4	drei **Komma** vier
11,89	elf **Komma** acht neun

Weitere Zahlwörter

Bruchzahlen

Bildung:

ein Grundzahl + **-(s)tel**

1/3	ein Drittel
1/4	ein Viertel
1/8	ein Achtel
1/10	ein Zehntel
1/20	ein Zwanzigstel
½	**ein halb**
1 ½	eineinhalb (oft auch: anderthalb)
2 ½	zweieinhalb

Bruchzahlen können wie Adjektive gebraucht werden.
Bis auf **½** haben sie aber keine typischen Adjektivendungen.

Guten Tag. Ich hätte gern ein viertel Liter Öl und ein halb**es** Hähnchen ...

Gewichte

1 kg	ein Kilo(gramm)
1 ½ kg	eineinhalb Kilo oder anderthalb Kilo
1 Pfd.	ein Pfund = 500 Gramm (nicht in Österreich)
1 g	ein Gramm
1 dag	ein Dekagramm = 10 Gramm (nur in Österreich)

Besondere Mengenangaben:
ein Dutzend = 12
ein Paar = 2
ein paar = eine unbestimmte geringe Menge

Maße

1 l	ein Liter
0,1 l	ein Deziliter
1 mm	ein Millimeter
1 cm	ein Zentimeter
1 m	ein Meter
1 km	ein Kilometer
1 km/h	ein Kilometer pro Stunde oder ein Stundenkilometer
1 m^2	ein Quadratmeter
1 m^3	ein Kubikmeter

Temperatur

1°	ein Grad (Celsius)
+2°	plus zwei Grad (Celsius)
	oder: zwei Grad über Null
-4°	minus vier Grad (Celsius)
	oder: vier Grad unter Null

Geld

Für Deutschland und Österreich

18 €	achtzehn Euro
4,99 €	vier Euro neunundneunzig
-,50 €	fünfzig Cent (Ct.)

Für die Schweiz

1.- SFr	ein (Schweizer) Franken
8,20 SFr	acht Franken zwanzig
	(Rappen = Rp.)

Prozent

20 %	zwanzig Prozent
-40 %	vierzig Prozent Rabatt

Vervielfältigungszahlen

Bildung:

Grundzahl + **-fach**

Diese Zahlen geben an, **wie oft** etwas **vorhanden** ist:

> Ich brauche diesen Vertrag in **dreifacher** Kopie.

1fach	einfach
2fach	zweifach
3fach	dreifach
usw.	

Vervielfältigungszahlen

Bildung:

Grundzahl + **-mal**

Diese Zahlen geben an, **wie oft** etwas **wiederholt** wird:

> Ich wasche mich **zweimal** im Monat ...

einmal
zweimal
dreimal
usw.

Die Ordnungszahlen

Mit den Ordnungszahlen kann man eine **Reihenfolge** festlegen.

	1. - 19. Grundzahl + **-t**		ab 20. Grundzahl + **-st**	
	1.	**erste**	20.	zwanzigste
	2.	zweite	21.	einundzwanzigste
	3.	**dritte**	22.	zweiundzwanzigste
	4.	vierte	...	
der	5.	fünfte	99.	neunundneunzigste
die	6.	sechste	100.	hundertste
das	7.	**siebte**	101.	hunderterste
	8.	**achte** (nur ein -t)	102.	hundertzweite
	9.	neunte	...	
	...		1000.	tausendste
	19.	neunzehnte	...	

Besonderheiten

- Als Ziffer steht nach der Ordnungszahl immer ein Punkt.

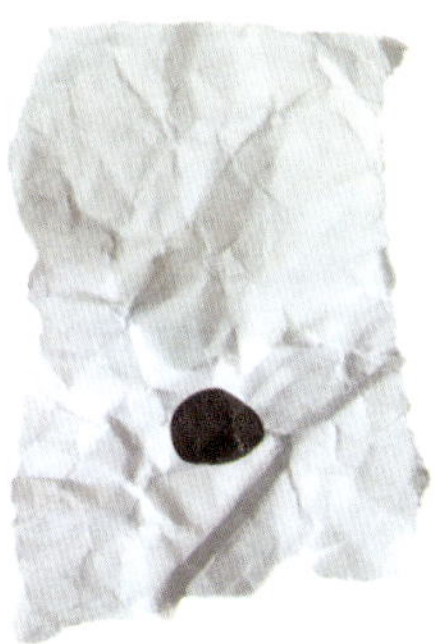

Die Ordnungszahlen werden wie Adjektive dekliniert.

Sie können **ohne** und **mit** Artikelwort vor dem Substantiv stehen:

Erste Hilfe ist wichtig!

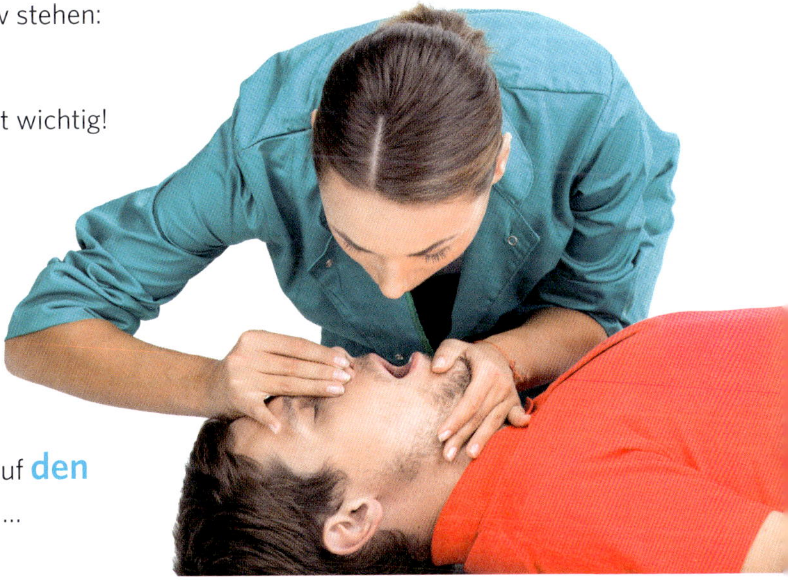

Es war Liebe auf **den ersten** Blick ...

In Verbindung mit **zu** ist die Ordnungszahl endungslos:

Wir sind beim Abendessen **zu** dritt.

Die Ordnungszahl kann auch als Adverb auftreten:

Erstens habe ich kein Geld, **zweitens** keine Zeit!

Bildung:

Ordnungszahl + **-ens**

... oder als Substantiv:

Er ist der **Erste** der Klasse.

Gebrauch der Ordnungszahlen: das Datum

Für die Angabe des Datums werden Ordinalzahlen als Ziffern benutzt:

allgemeine Datumsangabe

Man sagt:
Die Prüfung wird am Freitag, dem sechzehn**ten**, stattfinden.

im Lebenslauf

Ich wurde am 03.04.1982 geboren.

Man sagt:
… am **dritten** Vier**ten** (oder April) neunzehnhundertzweiundachtzig geboren.

im Brief

Man **sagt**:
Berlin, den vierundzwanzig**sten** Zwölf**ten** zweitausendsechs.

für Zeiträume

Ich bin vom 15.08. bis 21.08.2014 nicht im Büro zu erreichen!

Man **sagt**:
... vom fünfzehn**ten** bis einundzwanzig**sten** Ach**ten** zweitausendvierzehn ...

6 Die Pronomen

Was sind Pronomen?

Welche **Arten** von Pronomen gibt es?

Wofür kann ich sie verwenden?

Er war's!

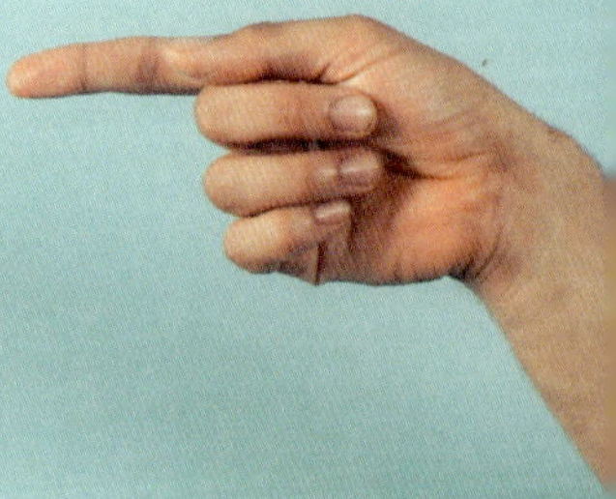

Pronomen **ersetzen** ein bereits genanntes Substantiv oder eine Wortgruppe oder einen vorangehenden Satz.

Deshalb werden sie auch **Stellvertreter** genannt.

Personalpronomen

... stehen für eine Person oder Sache, die **bekannt** ist oder schon einmal genannt wurde.

Das Wort es

... kann auch andere Funktionen im Satz haben.

Reflexivpronomen

... beziehen sich auf die gleiche Person wie das Subjekt des Satzes und begleiten die reflexiven Verben.

Relativpronomen

... **verbinden** zwei Sätze miteinander und werden benutzt, um die Wiederholung eines Teils zu vermeiden.

Pronomen müssen in **Genus** und **Numerus** mit dem **Bezugswort** übereinstimmen.

Einige Pronomen können aber auch ein Substantiv begleiten.

In diesem Fall dienen sie auch als Artikel.

Possessivpronomen und -artikel

... werden benutzt, um einen **Besitz** oder eine **Zugehörigkeit** auszudrücken.

Demonstrativpronomen und -artikel

... werden verwendet, um auf Personen und Objekte zu verweisen, die **in der Nähe** oder **weiter entfernt** sind.

Interrogativpronomen und -artikel

... werden verwendet, um nach etwas zu **fragen**.

Indefinitpronomen und -artikel

... bezeichnen Personen oder Sachen in **unbestimmter**, **allgemeiner** Weise.

Der Kasus richtet sich dagegen nach der Aufgabe, die die Pronomen im Satz erfüllen.

Die Deklination der Personalpronomen

	1. Person	2. Person	3. Person (maskulin - feminin - neutral)		
Nom.	ich	du	er	sie	es
Akk.	mich	dich	ihn	sie	es
Dat.	mir	dir	ihm	ihr	ihm
Gen.	ungebräuchlich				

	1. Person	2. Person	3. Person	Höflichkeitsform
Nom.	wir	ihr	sie	Sie
Akk.	uns	euch	sie	Sie
Dat.	uns	euch	ihnen	Ihnen
Gen.	ungebräuchlich			

Die Höflichkeitsformen schreibt man immer **groß**.
Sie sind identisch mit der 3. Person Plural!

Die **3.** Person Singular richtet sich nach dem Genus des Substantivs!

der Freund | **die** Schwester | **das** Kind

Sie gibt **ihm** **ihr** **ihm** einen Kuss!

Die Anrede: **Sie** und **du**

Es ist oft schwierig zu entscheiden,
wann **Sie** und wann **du** benutzt wird.

Es gibt dafür keine festen Regeln, aber Hilfestellungen.

Sie

... wird benutzt bei der Anrede von Fremden.

... ist höflich gemeint und schafft Distanz.

... wird gegenüber Älteren bevorzugt.

Angenehm, **Sie** kennen zu lernen!

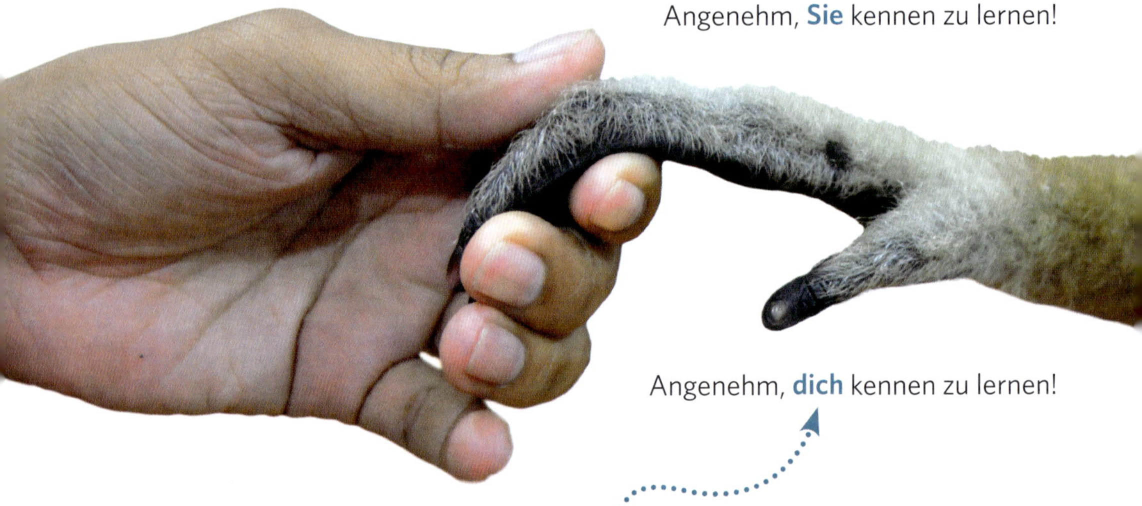

Angenehm, **dich** kennen zu lernen!

du

... wird benutzt für Kinder, Verwandte und Freunde.

Arbeitskollegen duzen sich auch oft.

... schafft eine persönliche Atmosphäre.

Das Wort **es**

Dieses Wort kann **3** Funktionen im Satz haben:

„es" als **Pronomen** > ... wird dekliniert und ist obligatorisch

Es ersetzt ein Substantiv, das vorher genannt wurde:	Es ersetzt ein Adjektiv (es kann nicht in Position 1 stehen):	Es ersetzt eine Aussage direkt vorher (es kann nicht in Position 1 stehen):
Lüften Sie **das Geheimnis**! → Ich soll **es** hüten!	Bist du **fest angestellt**? → Ich bin **es** leider nicht.	**Wo bist du?** → Ich weiß **es** nicht!

2 „es" als formales **Subjekt** > … wird nicht dekliniert und ist obligatorisch

bei Verben, die das **Wetter** beschreiben:

bei Verben, die **Geräusche** bezeichnen:

bei Verben, die das **Befinden** beschreiben:

in festen **Wendungen**:

Es regnet.
Es schneit.
Es blitzt.

Es klopft.
Es klingelt.
Es rauscht.

Es geht mir schlecht.
Es tut weh.

Ich habe **es** eilig.
Es geht um …
Es gibt viele Leute.

3 „es" als **Platzhalter** auf Position 1 > … wird nicht dekliniert und ist fakultativ

„es" kann wegfallen, wenn ein anderes Satzglied auf Position 1 steht. ⋯⋯➤

Es kommen heute meine Eltern zu Besuch.

besser: **Heute** kommen meine Eltern zu Besuch.

Die Reflexivpronomen

Reflexivpronomen beziehen sich auf das Subjekt, das vorher im Satz genannt wurde.

Man unterscheidet ...

echte Reflexivpronomen und unechte Reflexivpronomen

Man verwendet sie bei Verben, die **nur** reflexiv gebraucht werden:

Ich muss **mich** beeilen!

Man verwendet sie bei Verben, die **auch** reflexiv gebraucht werden können:

Ich langweile **mich** (reflexiv).

Ich langweile **meine Mutter** (nicht reflexiv).

Sie werden häufiger im Akkusativ gebraucht:

ich schäme	mich
du schämst	dich
er/sie/es schämt	sich
wir schämen	uns
ihr schämt	euch
sie/Sie schämen	sich

Bis auf die 3. Person Singular und Plural (sich), sind die Formen identisch mit dem Personalpronomen im Akkusativ!

Aber sie können auch im Dativ stehen:

ich überlege	mir
du überlegst	dir
er/sie/es überlegt	sich
wir überlegen	uns
ihr überlegt	euch
sie/Sie überlegen	sich

Bis auf die 3. Person Singular und Plural (sich), sind die Formen identisch mit dem Personalpronomen im Dativ!

Zu den reflexiven Pronomen gehören auch die **reziproken** Pronomen.

Sie drücken eine **wechselseitige** Beziehung zwischen zwei oder mehreren Personen oder Sachen aus.

Das Subjekt und das Prädikat stehen
immer im Plural!

Sie lieben **sich**.

Sie lieben **einander**.

Einander kann auch mit Präposition verbunden werden.

Aber manchmal streiten sie **miteinander**.

Die Relativpronomen

Relativpronomen leiten Relativsätze ein.
Sie beziehen sich auf etwas, das zuvor genannt wurde.

Sie stimmen in Genus und Numerus mit dem Bezugswort überein.

Der Kasus richtet sich nach der Funktion des Pronomens im Satz.

Das ist mein Freund. Er ist sehr faul.

Das ist mein Freund, **der** sehr faul ist.

Das ist mein Freund. Ich habe ihn einmal geliebt.

Das ist mein Freund, **den** ich einmal geliebt habe.

Manchmal steht **vor** dem Relativpronomen noch eine **Präposition**:

Das ist mein Freund, **mit dem** ich gerne spiele.

Bis auf die Formen des Genitivs und des Dativ Plural sind die Relativpronomen **identisch** mit dem **bestimmten Artikel**:

Nom.	der	das	die	die
Akk.	den	das	die	die
Dat.	dem	dem	der	**denen**
Gen.	**dessen**	**dessen**	**deren**	**deren**

Man kann auch **welcher**, **welches**, **welche** als Relativpronomen benutzen, das klingt aber sehr **formal**.

Man benutzt sie in der Schriftsprache oder als **Kontrast** zum Relativpronomen **der**, **das**, **die**:

Die Puppe, **welche** die Mutter mir schenkte, ist seltsam …

Besser so:

Die Puppe, **die** die Mutter mir schenkte, ist seltsam …

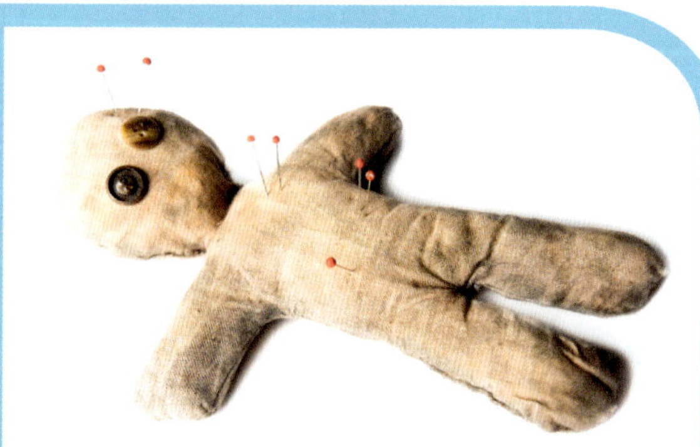

Andere Relativpronomen

Man kann auch andere Wörter als Relativpronomen verwenden, zum Beispiel: **wo**, **was** und **wer**.

wo

> Bei Ortsangaben kann man die Präposition **in** + Relativpronomen durch **wo** ersetzen:

Ich wohne noch in dem Haus, **in dem** ich geboren bin.

Ich wohne noch in dem Haus, **wo** ich geboren bin.

wo(r) + Präposition

> Wenn sich der Relativsatz auf einen ganzen Satz bezieht und das Verb eine Präposition braucht (hier: **warten auf**), dann steht **wo(r)** + Präposition:

Endlich hast du mich angerufen, **worauf** ich schon lange gewartet habe.

was	wird bei Sachen verwendet. wird nach **das**, **etwas**, **nichts**, **alles** usw. benutzt: Er sagte mir **alles**, **was** er wusste. wird nach dem Superlativ im Neutrum benutzt: Das ist das **Beste**, **was** ich machen konnte. kann sich auf einen ganzen Satz beziehen: Er will umziehen, **was** ich gut verstehen kann.
wer (Nominativ) **wen** (Akkusativ) **wem** (Dativ) **wessen** (Genitiv)	wird bei Personen verwendet. **Wer** schweigt, stimmt zu. 

Die Possessivpronomen und -artikel

Die Possessivwörter zeigen den Besitz oder eine Zugehörigkeit an.

Zu jedem Personalpronomen gibt es passende Possessivwörter:

ich	mein	+ Endungen	**Meine** Schuhe sind unbequem.
du	dein		Ich rufe **deinen** Vater an.
er	sein		**Sein** Computer ist kaputt.
sie	ihr		**Ihrer** ist neu.
es	sein		Das Kind hat **seinen** Schnuller verloren.
wir	unser		**Unsere** Wohnung ist zu klein.
ihr	euer		Und **eure**?
sie/Sie	ihr/Ihr		Hier ist **ihr/Ihr** Abteil.

Ist das **dein** Hut?

Nein!
Das ist **mein** Hund!

Possessivwörter beziehen sich nicht nur auf das Substantiv, das den Besitz angibt, sondern auch auf den Besitzer:

das Kind (neutral)

hat

Welche Endungen man anhängen muss, kommt auf Genus, Numerus und Kasus des Besitzes an:

den Schnuller (maskulin, Singular, Akkusativ)

also

sein **en**

Schnuller verloren

Man unterscheidet je nach Funktion zwischen ...

Artikel	und	Pronomen

Die Possessiv**artikel** begleiten ein Substantiv:

Dort liegt **mein** Fahrrad.

Sie werden wie **der unbestimmte Artikel** dekliniert.

ein Fahrrad - **mein** Fahrrad

Die Possessiv**pronomen** ersetzen ein Substantiv:

Und da stand **meins**.

Der letzte Buchstabe ist identisch mit dem letzten Buchstaben des **bestimmten Artikels**.

da**s** Fahrrad - mein**s**

Die Deklination des Possessivartikels

Nom.	**mein** Zug	**mein** Boot	**meine** Bahn	**meine** Füße
Akk.	**meinen** Zug	**mein** Boot	**meine** Bahn	**meine** Füße
Dat.	**meinem** Zug	**meinem** Boot	**meiner** Bahn	**meinen** Füßen
Gen.	**meines** Zuges	**meines** Bootes	**meiner** Bahn	**meiner** Füße

Die anderen Possessivartikel werden genauso dekliniert.

Nur die Form von **euer** ändert sich beim Wechsel des Kasus in **eur-**:

Nom.	euer Zug	euer Boot	**eure** Bahn	**eure** Füße
Akk.	**euren** Zug	euer Boot	**eure** Bahn	**eure** Füße
Dat.	**eurem** Zug	**eurem** Boot	**eurer** Bahn	**euren** Füßen
Gen.	**eures** Zuges	**eures** Bootes	**eurer** Bahn	**eurer** Füße

Mündlich kann das **e** auch in der Form von **unser** wegfallen:

unser Zug > uns(e)re Bahn

Die Deklination des Possessivpronomens

	♂	⚲	♀	♂♀
Nom.	meiner	mein(e)s	meine	meine
Akk.	meinen	mein(e)s	meine	meine
Dat.	meinem	meinem	meiner	meinen
Gen.	meiner	meines	meiner	meiner

Mein Auto ist kaputt ...

Und **meines** auch ...

In der Umgangssprache wird der Genitiv oft durch **von** + Dativ ersetzt.

Genitiv:
Das Auto **meiner** Freundin.

Dativ:
Das Auto **von meiner** Freundin.

Die Demonstrativpronomen und -artikel

Man unterscheidet je nach Funktion zwischen ...

Artikel	und	Pronomen

Die Demonstrativartikel **begleiten** ein Substantiv:

Wir nehmen **diesen** Ring!

Die Demonstrativpronomen **ersetzen** ein Substantiv:

Von **dieser** möchte ich gern drei Stücke

Die am häufigsten benutzten Demonstrativwörter heißen:

Sie bezeichnen eine Sache oder eine Person, die räumlich oder zeitlich in der Nähe des Sprechers ist.

dieser
dieses
diese

Sie bezeichnen eine Sache oder eine Person, die räumlich oder zeitlich vom Sprecher und Hörer entfernt ist.

jener
jenes
jene

Dieser und **jener** haben als Artikel und Pronomen die gleiche Deklination.

Sie werden wie der bestimmte Artikel dekliniert.

Nom.	**dieser** Laden	**dieses** Haus	**diese** Ampel	**diese** Straßen
Akk.	**diesen** Laden	**dieses** Haus	**diese** Ampel	**diese** Straßen
Dat.	**diesem** Laden	**diesem** Haus	**dieser** Ampel	**diesen** Straßen
Gen.	**dieses** Ladens	**dieses** Hauses	**dieser** Ampel	**dieser** Straßen

Die Kurzform von **dieses** als Pronomen ist **dies**,
wenn man sich auf einen Satz oder eine Wortgruppe bezieht.

Dies musstest du nicht machen!

Auch die Artikel **der**, **die**, **das** können als Demonstrativpronomen benutzt werden.

Wenn man sich auf eine vorher genannte Aussage bezieht, wird häufig **das** benutzt.

Der Kuchen schmeckt mir gut.

Den habe ich selbst gebacken.

Sie hat einen Sohn.

Das wusste ich nicht.

solcher
solches
solche

- weisen auf die Art oder Beschaffenheit einer Person oder Sache hin:

  Mit **solchen** Leuten darfst du nicht ausgehen!

- weisen auf die Intensität hin (so groß, so stark):

  Ich habe **solchen** Hunger!

- beziehen sich auf etwas vorher Genanntes und haben die Bedeutung von: **so**, **so eine**, **so eines**:

Das sind aber stinkende Socken!

Solche Socken kommen sofort in die Waschmaschine.

Solcher wird wie **dieser** dekliniert!

solch
(unverändert)

- In diesem Fall steht **solch** in Verbindung mit **ein**, was aber etwas literarisch klingt. Viel häufiger benutzt man einfach das Wort **so**:

  Solch ein netter Mensch! oder **So** ein netter Mensch!

derselbe
dasselbe
dieselbe

- Diese Demonstrativpronomen drücken eine Identität aus.
- Der erste Teil (der-, das-, die-) wird wie der **bestimmte Artikel** dekliniert, der zweite wie ein Adjektiv:

Nom.	**derselbe** Anzug	**dasselbe** Hemd	**dieselbe** Hose	**dieselben** Schuhe
Akk.	**denselben** Anzug	**dasselbe** Hemd	**dieselbe** Hose	**dieselben** Schuhe
Dat.	**demselben** Anzug	**demselben** Hemd	**derselben** Hose	**denselben** Schuhen
Gen.	**desselben** Anzugs	**desselben** Hemdes	**derselben** Hose	**derselben** Schuhe

Er trägt seit Monaten **dasselbe** T-Shirt und **dieselben** Jeans.

Das Demonstrativpronomen **derselbe** wird oft mit **der gleiche** verwechselt!

Aber es gibt hier einen Unterschied in der Bedeutung:

derselbe › identisch, gibt es nur einmal.

der gleiche › zwei unterschiedliche Dinge gleichen sich völlig.

Wir haben **die gleichen** Schuhe gekauft.

Ich trage **dieselben** Schuhe wie mein Sohn.

derjenige
dasjenige
diejenige

- verweisen auf einen nachfolgenden Nebensatz.
- werden meist für Personen, weniger für Sachen verwendet.
- klingen sehr formal und werden meist nur in der Schriftsprache benutzt.
- werden mit dem **bestimmten Artikel** und **-jenig** gebildet.
- werden wie **derselbe** dekliniert.

Diejenigen, die mir helfen können, sollen sich beeilen!

Die Interrogativpronomen und -artikel

Sie werden verwendet, um nach etwas zu **fragen**. Einige Interrogativpronomen sind identisch mit den Relativpronomen.

> werden bei Sachen verwendet.

was (Nominativ)

was (Akkusativ)

wem (Dativ)

wessen (Genitiv)

Was ist los?

> werden bei Personen verwendet und können mit einer Präposition stehen.

wer (Nominativ)

wen (Akkusativ)

wem (Dativ)

wessen (Genitiv)

Mit **wem** spreche ich?

welcher
welches
welche

- fragen nach einer bestimmten Sache oder Person aus einer Gruppe (mindestens zwei).
- können allein als Pronomen oder als Artikel stehen.
- werden wie **dieser** dekliniert.

was für ein-

- fragen nach der Eigenschaft einer Sache oder Person.
- können allein als Pronomen oder als Artikel stehen.
- **ein-** wird wie der unbestimmte Artikel dekliniert.

Was für ein Auto haben Sie?

Ein ökologisches!

Die Indefinitpronomen und -artikel

Indefinitpronomen bezeichnen Personen oder Sachen in unbestimmter, allgemeiner Weise.

Man unterscheidet je nach Funktion zwischen …

Artikel und Pronomen

Artikel

Die Indefinitartikel begleiten ein Substantiv:

Jedes Kind sollte Schokolade essen!

Sie stimmen mit dem Bezugswort in Kasus, Genus und Numerus überein.

Pronomen

Die Indefinitpronomen ersetzen ein Substantiv:

Jeder hat sein Hobby.

Sie sind mit den Indefinitartikeln identisch.

Man unterscheidet 3 Gruppen: Indefinitpronomen, die …

wie der **bestimmte** Artikel dekliniert werden
nicht dekliniert werden
eine **besondere** Deklination haben

alle	> steht nur im Plural und meint die Gesamtheit von Personen oder Sachen. Haben Sie **alle** Aufgaben erledigt?
all-	> Wenn es sich auf Abstrakta oder Stoffe bezieht oder vor substantivierten Adjektiven, kann **all-** im Singular stehen:

einige

etliche **mehrere**

- stehen im Plural und meinen eine unbestimmte Menge.

Die Auswahl zwischen **mehreren** ist nicht einfach.

manch-

- bezeichnet eine kleinere unbestimmte Anzahl von Personen oder Sachen.
- kann auch ohne Endung gebraucht werden.

Manche Tage sind schnell vorbei!

Manch ein schöner Tag ist schnell vorbei!

jeder

> steht nur im **Singular** und bezeichnet alle Einzelnen in einer Gruppe von Personen oder Sachen.

Jeder hat seine Grenzen.

beide

> bezeichnet zwei Personen oder Sachen.

Ich möchte **beide** heiraten.

welch-

- nimmt Bezug auf ein **vorher genanntes, nicht zählbares** Substantiv im Singular oder Substantiv im Plural ohne Artikel.

Hast du noch Kartoffeln?

Ja, ich habe **welche**.

Hast du noch Obst?

Ja, ich habe noch **welches**.

ein- (kein-)

- Als Pronomen nehmen sie Bezug auf eine unbestimmte Person oder Sache, die **vorher genannt** wurde.
- stehen für **zählbare** Personen oder Sachen.
- Im Plural benutzt man **welche**.

Kennst du ein gutes japanisches Restaurant?

Ja, ich kenne **eines**.

Nein, ich kenne **keines**.

irgendein-

- Die Unbestimmtheit wird stärker.
- Im Plural benutzt man **irgendwelche**.
- Als Artikel wird es wie der unbestimmte Artikel dekliniert.
- Als Pronomen wird es wie der bestimmte Artikel dekliniert.

Irgendeine Frau war da.

Irgendeiner war da.

ein paar **ein bisschen** **ein wenig**

- bezeichnen eine unbestimmte, sehr kleine Menge.

ein paar Kekse **ein bisschen** Milch **ein wenig** Zucher

etwas | **irgendetwas** | **nichts**

- sie stehen in Verbindung mit substantivierten Adjektiven.

etwas Neues - **irgendetwas** Lustiges - **nichts** Falsches erzählen

man

- meistens steht **man** für allgemeine Aussagen oder Fakten.
- es wird so dekliniert: **einen** (Akkusativ) und **einem** (Dativ).

jemand	eine unbestimmte Person ist gemeint (ohne Genusmerkmal). es wird so dekliniert: **jemanden** (Akkusativ) und **jemandem** (Dativ).
niemand	es ist die Verneinung von **jemand** und wird ebenso dekliniert.

7 Die Wortbildung

Wie werden Wörter im Deutschen gebildet?

Und auf **welche Besonderheiten** muss ich achten?

Eine Sprache ist etwas **Lebendiges**, etwas, das sich ständig verändert.

So kann man zum Beispiel durch **Änderung** eines Grundwortes oder

Ableitungen bildet man mit:

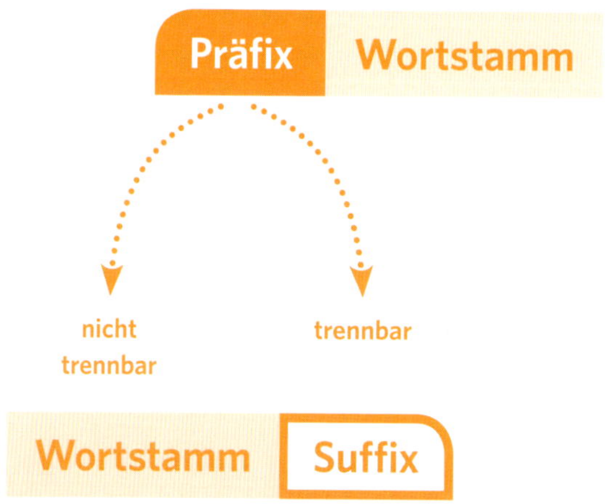

durch **Kombination** von Wörtern neue Wörter bilden.

Wörter verschiedener Arten kann man zu einem neuen Wort **zusammensetzen**:

Substantiv	+	Substantiv
Adjektiv	+	Substantiv
Verbstamm	+	Substantiv
Präposition	+	Substantiv
Substantiv	+	Adjektiv

Verschiedene Wortarten, deren Grundlage ein und dasselbe Wort ist, können in einer **Wortfamilie** zusammenkommen.

In dem folgenden Beispiel bildet der Wortstamm **sprech-** die Grundlage der Wortbildung:

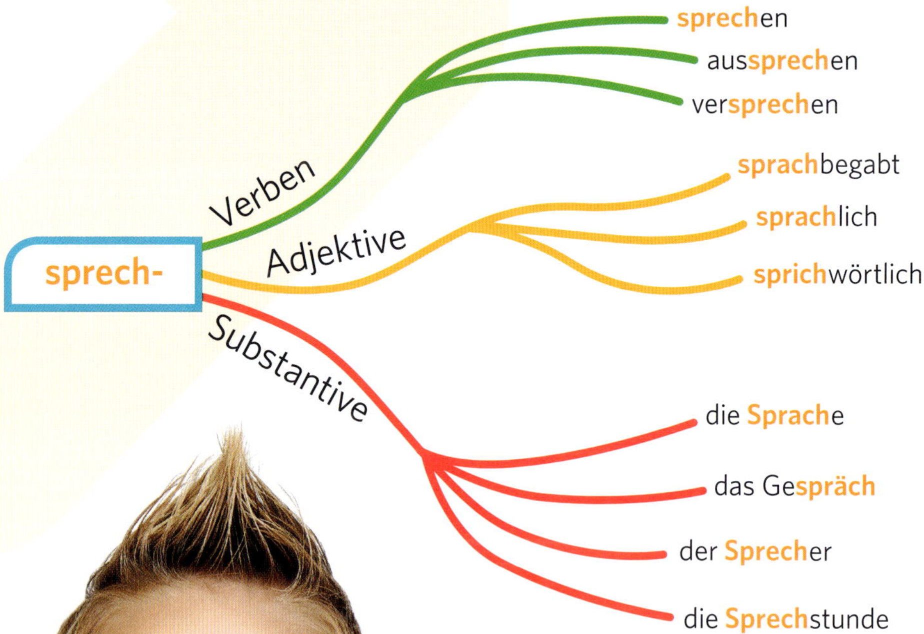

Die Ableitungen

Ableitungen werden gebildet aus dem Wortstamm und …

… einem Präfix oder einem Suffix:

ver **sprechen**

der **Sprech** **er**

Aber was ändert sich durch Ableitungen?

Wortarten können wechseln: **sprechen** (Verb) > der **Sprecher** (Substantiv)

Der Stammvokal kann wechseln: spr**e**chen > die Spr**a**che

Oder es kommt zu einem Wechsel zwischen Vokal und Umlaut: spr**e**chen > das Gespr**ä**ch

Die Ableitungen mit nicht trennbaren Präfixen

Diese Präfixe trennen sich **nie** vom Verb und stehen **nie** allein.

Präfix	Bedeutung	
be-	betont das Ergebnis einer Handlung	Verben immer mit Objekt
ent-	etwas wird entfernt	
er-	Ergebnis einer Tätigkeit; plötzlicher Beginn/Ende	
miss-	etwas ist nicht korrekt oder nicht gut	
un-	bezeichnet einen Gegensatz oder etwas Negatives	Es gibt keine Verben mit dem Präfix un-
ver-	etwas ist verschwunden, verkehrt, wird repariert oder verbunden	Verben immer mit Objekt
zer-	bezeichnet eine Zerstörung	

Arghhh!
Ich hasse
Augenbrauen
entfernen!

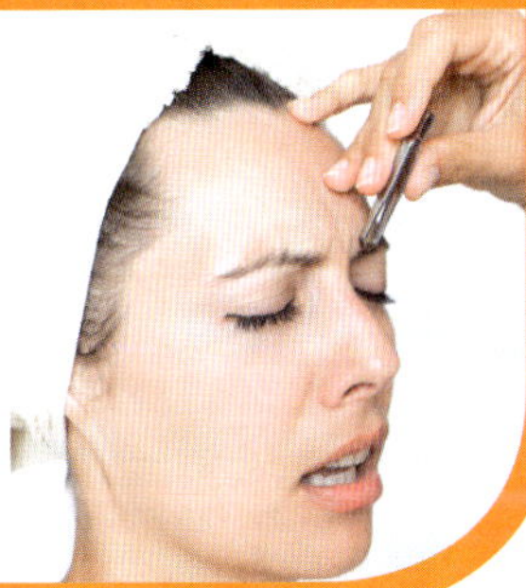

- **beabsichtigen, beachten, beantworten**
- **entkommen, Entdeckung, entfernen**
- **erhellen, erstarren, erblinden**
- **missverstehen, misslingen, Missbrauch**
- **Unbekannte, unbeliebt, unhöflich**
- **verlassen, vermischen, Verpackung**
- **zerbrechen, Zerfall, zerstören**

Ich?!?! Nein, du hast mich **missverstanden**!

Der Stress hat seine Gesundheit **zerstört**.

Die Ableitungen mit trennbaren Präfixen

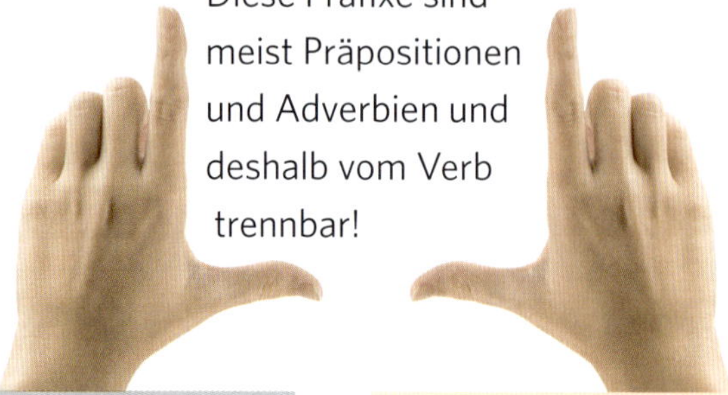

Diese Präfixe sind meist Präpositionen und Adverbien und deshalb vom Verb trennbar!

Präfix	Bedeutung	Beispiele
ab-	von etwas weg	**abbauen, abfahren, abholen, abreisen**
an-	sich einem Ziel nähern; etwas hinzufügen	**anbauen, anbieten, Anerkennung, anziehen**
auf-	etwas öffnen; die Richtung einer Bewegung	**aufladen, aufmachen, aufmerksam, aufstehen**
aus-	heraus; etwas oder sich entfernen	**ausdenken, ausdrucken, Ausfahrt, ausziehen**
bei-	etwas hinzufügen	**beibringen, beilegen, beistehen, beitragen**
ein-	nach innen; integrieren	**einladen, einkaufen, einsteigen**
her$_{(aus)}$-	von innen nach außen	**herauskommen, Herkunft, herstellen**
hin-	vom Sprecher weg zu einem Ziel; nach unten	**hinfahren, hinfallen, hinstellen**

Präfix	Bedeutung	Beispiele
hinein-	von außen nach innen	hineinfahren, hineinlegen, hineinsehen
los-	etwas trennen; mit etwas beginnen	losfahren, losgehen, loslachen
mit-	etwas gemeinsam tun	mitbringen, mitfahren, Mitgefühl, mitmachen
vor-	nach vorn; im Voraus tun; anderen etwas zeigen	vorfahren, vorbestellen, Vorführung
weg-	etwas oder sich entfernen	wegbringen, wegfahren, weggeben, wegwerfen
zu-	etwas schließen; Bewegung zu einem Ziel	zudecken, zudrehen, zusenden, zuwerfen
zurück-	die Richtung ändern	zurückkehren, zurückgeben

Die Ableitungen mit Suffixen

Suffixe sind Nachsilben, die nicht allein stehen können.

Basiswort › neues Wort	Suffix	Bedeutung	Beispiel
Verbstamm › Substantiv	-er	männliche Person	Fahrer
	-(e)rin	weibliche Person	Fahrerin
Substantiv › Substantiv	-chen (Hochdeutsch)	Verkleinerung; Verniedlichung	Häuschen
	-erl (Bairisch, Österreichisch)		Häuserl
	-le (Schwäbisch)		Häusle
	-li (Schweizerdeutsch)		Hüsli

Suffixe können sich **regional** voreinander unterscheiden!

Substantiv > Adjektiv

Suffix	Bedeutung	Beispiel
-haft	bezieht sich auf ein Merkmal	traum**haft**
-ig	Eigenschaft	sonn**ig**
-isch	Herkunft oder Zugehörigkeit	italien**isch**
-isch	Fremdwörter: etwas betreffend	geograf**isch**
-lich	Eigenschaft	sommer**lich**

An einem sonn**ig**en sommer**lich**en Tag, an einem traum**haft**en italien**isch**en Strand ...

Verbstamm › Adjektiv

Suffix	Bedeutung	Beispiel
-bar	möglich	mach**bar**
-sam	wie jemand, etwas ist	spar**sam**
-haft	bezieht sich auf ein Merkmal	leb**haft**
-ig	Art, Zustand	wackel**ig**
-(er)isch	Eigenschaft	mal**erisch**
-lich	Eigenschaft	ärger**lich**

Einige Wörter können als Suffixe gebraucht werden:

	Suffix	Bedeutung	Beispiel
−	-arm	wenig	salz**arm**
+	-reich	viel	zahl**reich**
+	-voll	viel	liebe**voll**

Suffix	Bedeutung	Beispiel
-los	ohne	kopf**los**
-frei	ohne	gluten**frei**
-leer	ohne	blut**leer**
-fest	etwas ist robust, haltbar	regen**fest**
-wert	etwas lohnt sich	sehens**wert**

Etwas ist wert, gesehen zu werden.

Die Zusammensetzungen
(Komposita)

Im Deutschen kann man zwei oder mehr Wörter
zu einem neuen Wort zusammensetzen.
Manchmal entstehen **sehr lange Wörter**.

Daher fragt man sich oft:
was ist das längste deutsche Wort?

Hier ein Beispiel, das Wort hat **33** Buchstaben!

Verkehrsinfrastrukturfinanzierung

So könnte man fast endlos neue Wagen hinzufügen:

Verkehrsinfrastrukturfinanzierungsgesellschaft

Besonderheiten:

Präposition + Verb
= **trennbares** Verb

- Das **letzte Wort**, Grundwort genannt, bestimmt die Wortart:

vor + **bereiten** = **vorbereiten**
(Präposition) (Verb) (Verb)

- Das **letzte Wort** bestimmt bei Substantiven auch das Genus des neuen Wortes:

der Kaffee + **die Tasse** = **die Kaffeetasse**
(maskulin) (feminin) (feminin)

- Das **erste Wort**, Bestimmungswort genannt, erklärt das letzte Wort meist genauer:

bügeln + **das Brett** = **das Bügelbrett**
(ein Brett zum Bügeln)

Das Deutsche ist eine kreative Sprache. Haben Sie Spaß daran, immer neue Wörter zu erfinden?

eine Katzenwaschmaschine

Das zusammengesetzte Substantiv

1 Substantiv + Substantiv

Um das neue Wort besser auszusprechen, werden oft Verbindungsbuchstaben zwischen Grundwort und Bestimmungswort gesetzt: die **Fugenelemente**.

... bei Substantiven, deren Plural mit **-e** gebildet wird:

der Hund (die Hunde) + die Hütte
= die Hund**e**hütte

... bei femininen Substantiven, die im Plural auf **-en** enden:

die Sonne (die Sonnen) + die Blume
= die Sonne**n**blume

... bei Substantiven, die auf **-heit**, **-keit**, **-ion**, **-ung** enden:

die Zeitung + der Artikel
= der Zeitung**s**artikel

2 Adjektiv + Substantiv

Das Adjektiv steht in der Grundform
vor dem Substantiv.

alt + die Stadt = die Altstadt

3 Verbstamm + Substantiv

Der Verbstamm steht
vor dem Substantiv.

kochen + der Löffel = der Kochlöffel

... bei Verben, deren Stamm auf -b, -d oder -g endet:

klag(en) + die Mauer
= die Klag**e**mauer

4 Präposition + Substantiv

Die Präposition steht unverändert
vor dem Substantiv.

unter + die Hose = die Unterhose

Und die zusammengesetzten Adjektive? Siehe > Kapitel 4, S. 58.

8 Die Präpositionen

Was sind Präpositionen?

Wofür benötige ich sie?

Welche **Arten** von Präpositionen gibt es?

über
unter

Präpositionen **setzen** Wörter oder Wortgruppen zueinander in **Beziehung** und drücken ein **Verhältnis** zwischen ihnen aus.

Eigenschaften

- die **Stellung** der Präpositionen
- die **Verschmelzung** mit dem bestimmten Artikel

Man kann sie auf Grund ihrer **Bedeutung** in Gruppen einteilen ...

- lokal (Wo?)
- direktional (Wohin? Woher?)
- modal (Wie?)
- temporal (Wann?)
- kausal (Warum?)
- final (Wozu?)

... und nach dem **Kasus**, den sie regieren:

mit Akkusativ z. B.

- lokal: durch
- temporal: bis
- modal: ohne
- final: für

mit Dativ z. B.

- lokal: bei
- direktional: nach
- temporal: ab
- kausal: vor
- modal: mit

mit Genitiv z. B.

- während
- innerhalb
- wegen

Wechselpräpositionen

Wo? > + Dativ

Wohin? > + Akkusativ

Gebrauch der lokalen Präpositionen

Ich fahre **nach** Berlin.

Eigenschaften der Präpositionen

Die Präpositionen werden **meistens vorgestellt**:

vor | **Pronomen** | **Substantiv** | **Adverb**

Wenige Präpositionen werden **nachgestellt**, z. B.:

Pronomen | **zuliebe** > Tu es **mir zuliebe**.

oder **umschließen** den Ausdruck, z. B.:

um | **Substantiv** | **herum** > Die Kinder sitzen **um den Tisch herum**.

Einige Präpositionen können mit dem **bestimmten Artikel** zu einem Wort **verschmelzen** (siehe > Kapitel 2, S. 19).

in + dem = im > Sie sind **im** Kindergarten.

Präpositionen mit Akkusativ

Die Präpositionen können verschiedene Verhältnisse ausdrücken.

Präposition	Verwendung
bis	Endpunkt: Ich bleibe hier **bis** nächsten Montag.
durch	Bewegung durch etwas: Die Katze springt **durch** das Fenster. modale Angaben: Ich schicke das Paket **durch** die Post.
entlang (nach dem Bezugswort)	parallele Bewegung: Wir gehen den Fluss **entlang**.
ohne	modale Angaben: **Ohne** dich kann ich nicht leben.
um	Mittelpunkt: Alles dreht sich **um** ihn. genaue Uhrzeit: **Um** 12.46 Uhr kommt der Zug an.

für

Zeitdauer in der Zukunft:
Ich bin **für** einige Tage verreist.

bei Angaben des **Ziels**:
Wir sind **für** Atomkraft.

gegen

bei Angaben des **Ziels**:
Wir sind **gegen** Atomkraft.

Richtung mit **Berührung**:
Das Auto ist **gegen** den Baum gefahren.

ungenaue Tageszeit/Uhrzeit:
Wir kommen **gegen** Mittag an.

Präpositionen mit Dativ

ab	Ausgangspunkt: Wir fliegen **ab** allen deutschen Flughäfen. Beginn in der Zukunft: **Ab** nächster Woche habe ich Urlaub.
an*	bei Zeitangaben (Tag, Datum, Tageszeit): **Am** Wochenende haben wir keine Zeit.
aus	Bewegung aus Raum/Herkunft: Sie kommt gerade **aus** der Schule. Grund für eine Handlung: **Aus** Mangel an Geld geht er nicht oft aus.
bei*	Ort in der Nähe/Person/Arbeitsplatz: Sie arbeitet **bei** einem Verlag. Zeitpunkt/Zeitraum: **Beim** Essen trinke ich nie.

* Siehe auch die Wechselpräpositionen und die lokalen Präpositionen (> S. 164 - 169).

bis zu	Endpunkt: Ich bin **bis zum** 20. Juni nicht im Büro.
entlang (vor dem Bezugswort)	bei Ortsangaben: **Entlang** der Elbe gibt es viel anzusehen.
gegen-über	andere Seite: Ich wohne **gegenüber** dem Bahnhof.
in*	bei Zeitangaben (Woche, Monat, Jahreszeit): Wir fahren **im** Sommer nach Frankreich. Zeitpunkt in der Zukunft: **In** einer Stunde bin ich fertig.

mit	modale Angaben: Sie essen **mit** großem Appetit.

* Siehe auch die Wechselpräpositionen und die lokalen Präpositionen (› S. 164 - 169).

nach

bei Richtungsangaben:
Er fliegt **nach** Italien.

nach etwas anderem:
Was machen wir **nach** der Ausbildung?

modale Angaben:
Spaghetti **nach** Bologneser Art schmecken ihm sehr gut!

seit

Beginn in der Vergangenheit:
Seit einem Jahr lebe ich in Deutschland.

von

Ausgangspunkt:
Er kommt immer müde **vom** Büro.

von ... bis

Beginn und Ende:
Ich habe **vom** 5. **bis** 20. Juni Urlaub.

vor*

vor etwas anderem:
Vor der Arbeit gehen sie oft joggen.

Zeitpunkt in der **Vergangenheit**:
Vor einer Woche bin ich umgezogen.

Wirkung auf eine Person:
Vor Angst konnte er nicht schlafen.

zu*

bei **Richtungs**angaben/**Ziel**:
Er musste **zum** Zahnarzt gehen.

Zeitdauer:
Wir treffen uns **zur** gewohnten Zeit.

zwischen*

Beginn und **Ende**:
Zwischen dem 6. und 12. Mai bin ich unterwegs.

* Siehe auch die Wechselpräpositionen und die lokalen Präpositionen (› S. 164 - 169)

Präpositionen mit Genitiv

außerhalb

nicht im Inneren:
Wir wohnen **außerhalb** der Stadt.

Zeitdauer:
Außerhalb der Arbeitszeit ist er nicht erreichbar.

innerhalb

im Inneren:
Wir wohnen **innerhalb** der Stadt.

Endpunkt:
Innerhalb eines Tages muss die Arbeit fertig sein.

während

Zeitraum:
Während des Essens sehe ich immer fern.

wegen

Grund/Ursache:
Wegen des Sturms gehen wir nicht spazieren.

In der Umgangssprache bevorzugt man oft den Dativ:

Wegen **des** Sturms ... > Wegen **dem** Sturm ...

Die Wechselpräpositionen

Einige Präpositionen können zwei verschiedene Kasus verlangen.

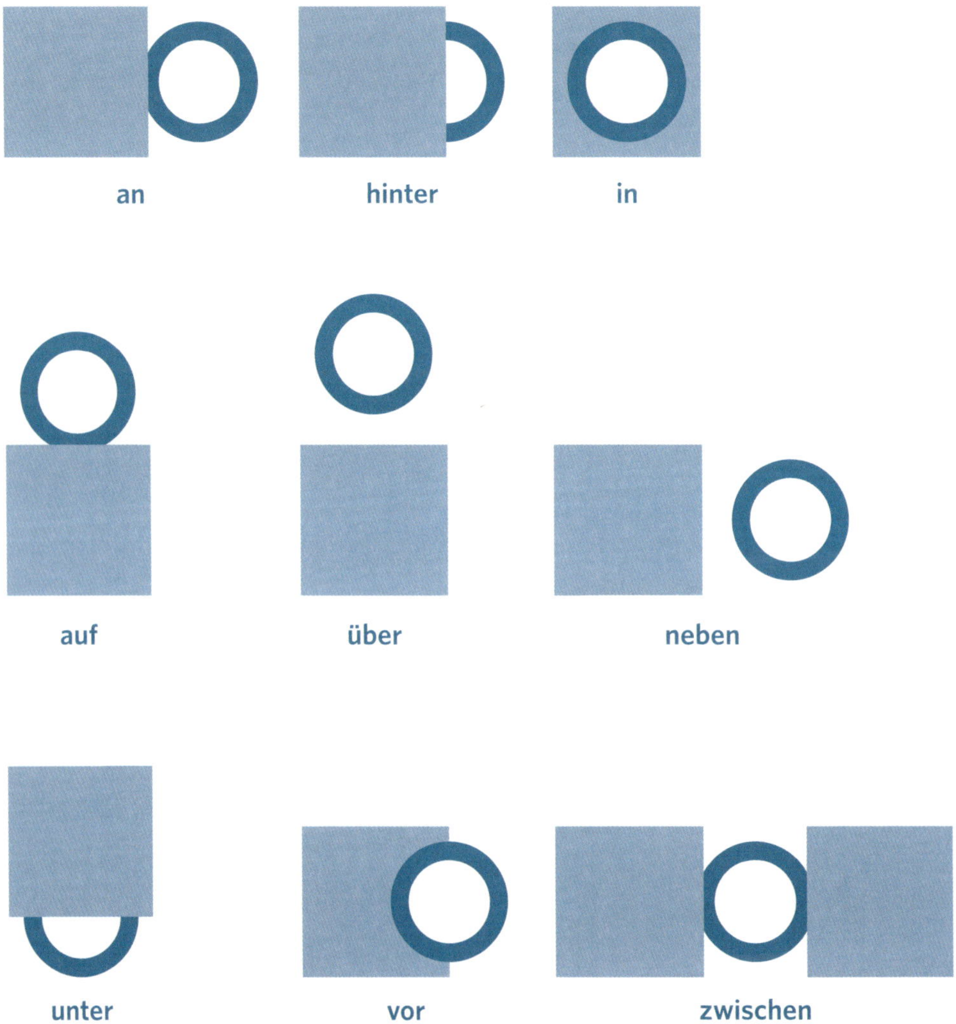

Wenn man einen **Standort** (**Wo?**) angibt, benutzt man die Präpositionen mit dem Dativ:

Köln liegt **am** Rhein.

Die Kinder spielen **im** Garten.

Vor dem Haus steht ein Baum.

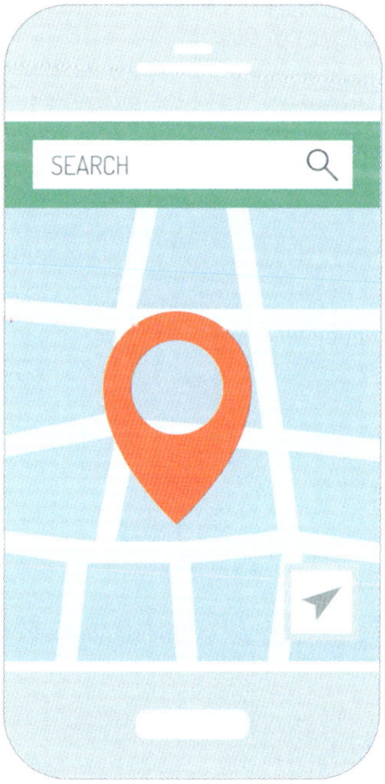

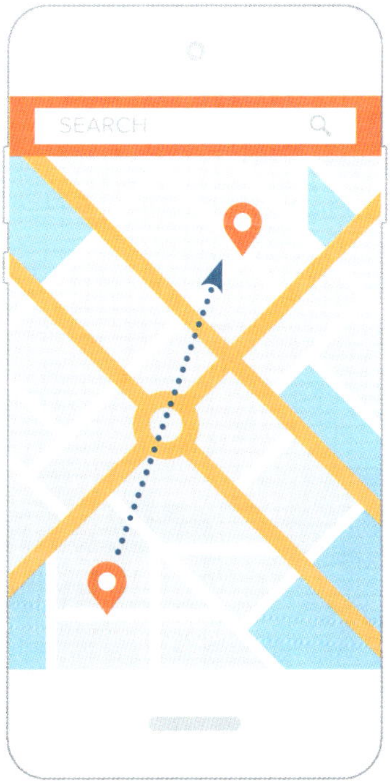

Wenn man eine **Richtung** (**Wohin?**) angibt, benutzt man die Präpositionen mit dem Akkusativ:

Ich fahre **ans** Meer.

Der Opa geht **in den** Garten.

Ich stellte das Fahrrad **vor das** Haus.

Der Gebrauch der lokalen Präpositionen

	Wo?	**Wohin?**
Stadt, Land (ohne Artikel)	**in** Ich wohne **in** Berlin.	**nach** Ich fahre **nach** Berlin.
Gebäude, Land (mit Artikel)	**in** + Dat. Ich bin **im** Büro.	**in** + Akk. Ich gehe **ins** Büro.

	Wo?	Wohin?
Berg, Insel, Inselgruppe	auf + Dat. Ich war auf den Maldiven.	auf + Akk. Ich fahre auf die Maldiven.
Meer, Fluss, See, Strand, Ufer	an + Dat. Ich mache Urlaub am Meer.	an + Akk. Wir fahren ans Mittelmeer.

	Wo?	Wohin?
Straße	**in** + Dat. Ich wohne **in der** Lindenstraße.	**in** + Akk. Ich gehe **in die** Lindenstraße.
Platz	**an** + Dat. Ich bin gerade **am** Alexanderplatz	**zu** + Dat. Ich gehe **zum** Alexanderplatz

	Wo?	Wohin?
Person	**bei** + Dat. Ich wohne **bei meiner** Oma.	**zu** + Dat. Ich gehe **zu meiner** Oma.
Geschäft, Bank, Post	**in** + Dat. Ich bin **in der** Apotheke.	**zu** + Dat. Wir gehen sofort **zur** Apotheke.

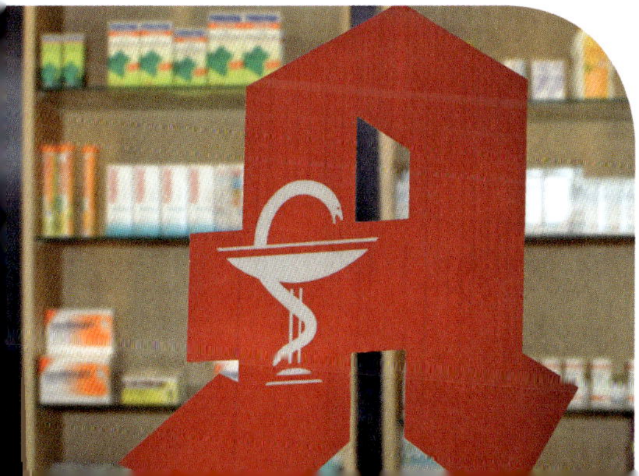

9 Die Adverbien

Was sind Adverbien?

Wofür benötige ich sie?

Welche Arten gibt es?

Nachts sind
alle Katzen grau.

Adverbien dienen dazu,
Substantive,
Verben, **Adjektive**,
andere **Adverbien**
näher zu bestimmen.

Man kann sie nach ihrer Bedeutung in Gruppen einteilen:

Adverbien der Zeit

Die Temporaladverbien informieren, **wann**, **wie lange** oder **wie oft** etwas geschieht.

Adverbien des Ortes

Die Lokaladverbien bestimmen Orte (**wo?**), Richtungen (**wohin?**) oder Herkunft (**woher?**).

Adverbien des Grundes und der Folge

Die **Kausal**adverbien erklären den Grund (**warum?**), die Folge (**wozu?**) oder den Zweck (**wozu?**) einer Handlung.

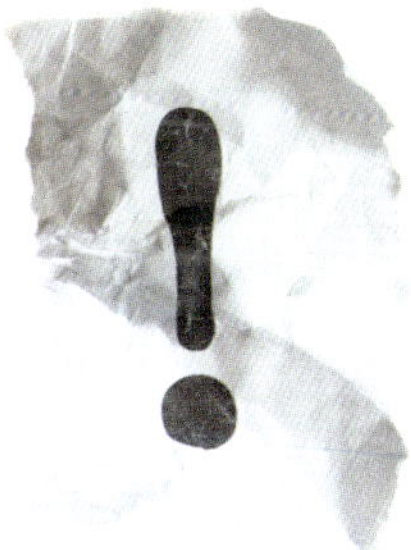

Adverbien der Art und Weise

Die **Modal**adverbien geben Informationen darüber, **wie**, **auf welche Art** und **wie intensiv** etwas geschieht.

Eigenschaften der Adverbien

Die Adverbien geben Informationen über:

Substantive → Das Foto **hier** ist sehr schön.

Ich kaufe **gern** ein. ← **Verben**

Adjektive → Ich fühle mich **ziemlich** fit.

Es klingt **ganz** anders. ← **Adverbien**

Man schreibt sie immer klein und sie können verschiedene typische Endungen haben:

-s	-weise	-wärts
morgens	möglicherweise	auswärts
mittwochs	normalerweise	abwärts

Die Adverbien können am Satzanfang oder in der Satzmitte stehen.

Sie werden nicht dekliniert oder gesteigert, bis auf 5 Ausnahmen:

bald	eher	am ehesten
gern	lieber	am liebsten
oft	häufiger/öfter	am häufigsten
sehr	mehr	am meisten
wohl (gut)	wohler (besser)	am wohlsten (am besten)

Er wäre **am liebsten** im Bett geblieben ...

Die Adverbien der Zeit

Temporaladverbien machen Angaben zur Zeit.
Sie können Zeitpunkte oder Zeiträume in
der Vergangenheit, Gegenwart oder Zukunft beschreiben.

	Vergangenheit	Gegenwart	Zukunft
wann? **(Zeitpunkt)**	(vor)gestern	heute	(über)morgen
	vor Kurzem	jetzt, nun	bald
	neulich	gerade	später
	vorhin	eben	demnächst
	früher	sofort	künftig
	einmal	gegenwärtig	
	damals	heutzutage	

Er hat uns **gerade** verlassen …

	Vorzeitigkeit	Nachzeitigkeit
wann? (Reihenfolge)	vorher erst zuerst	nachher dann danach schließlich zuletzt

Bist du **schon** fertig?

wann? (Dauer)	**schon** (schneller als gedacht) **noch** (es dauert etwas länger) **erst** (später als gedacht)

Ich bin **noch** nicht fertig.

Ich werde **erst** in zwei Stunden fertig.

wie oft?	
100%	stets, immer
	fast immer
	meistens
	oft, häufig
	manchmal, ab und zu
	selten
	fast nie
0%	nie

wann? (Tage)	Wochentage	Tageszeiten
	montag**s**	morgen**s**
	dienstag**s**	vormittag**s**
	mittwoch**s**	mittag**s**
	donnerstag**s**	nachmittag**s**
	freitag**s**	abend**s**
	samstag**s**	nacht**s**
	sonntag**s**	

Die Adverbien des Ortes

wo? (Ort)	hier - da/dort links - rechts oben - unten vorn - hinten draußen - drinnen irgendwo - nirgendwo überall drüber

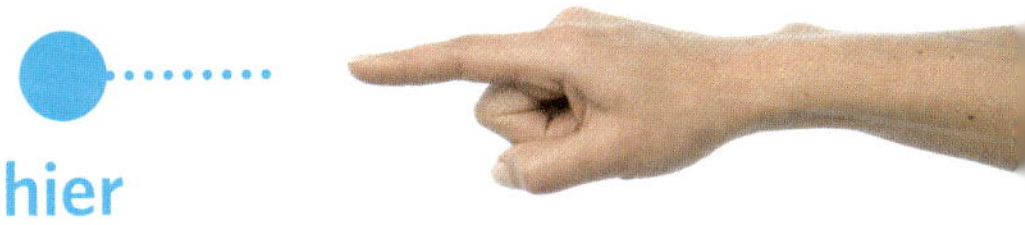

woher? (Herkunft)	von links - von rechts von oben - von unten von vorn - von hinten von draußen - von drinnen

wohin? (Richtung)		
	hinauf aufwärts nach oben	hinunter abwärts nach unten
	rückwärts nach links nach hinten	vorwärts nach rechts nach vorn

	zum Sprecher	**vom Sprecher weg**	**Kurzformen** (Umgangssprache)
wohin? (Richtung)	**her**	**hin**	-
	heraus	**hin**aus	**r**aus
	herauf	**hin**auf	**r**auf
	herein	**hin**ein	**r**ein
	herunter	**hin**unter	**r**unter
	herüber	**hin**über	**r**über
	hier**her**	dort**hin**	-

Es könnte schwer sein,
die Adverbien des Ortes zu unterscheiden.

Hier eine Zusammenfassung.

Ich komme
von draußen.

Woher kommst du?	
Ich komme	von unten
	von drinnen
	von links
	...

Ich bin **hinten**.

Wo bist du?	
Ich bin	unten
	drinnen
	links
	...

Ich gehe
nach vorn.

Wohin gehst du?	
Ich gehe	nach unten
	nach drinnen
	nach links
	...

Die Adverbien des Grundes und der Folge

Die Kausalenadverbien nennen
Grund, Gegensatz,
Folge oder Bedingung.

Sie können an Stelle einer Konjunktion stehen.

Draußen regnet es.
Deshalb bist du nass.

Grund
deshalb
deswegen
daher
darum
nämlich*

Draußen ist es eiskalt.
Trotzdem gehe ich spazieren.

Gegensatz
trotzdem
dennoch
gleichwohl

Die Prüfung ist übermorgen.
Ich muss **also** lernen!

Ich muss lernen.
Sonst werde ich die Prüfung nicht bestehen.

Folge
also
demnach
folglich
infolgedessen

Bedingung
anderfalls
ansonsten
sonst

Adverbien können im Satz in Position **1** oder nach dem Verb in Position **3** stehen.

*Ausnahme: **nämlich** steht immer nach dem Verb.

Sandro friert. Er trägt **nämlich** nur ein T-Shirt.

Die Adverbien der Art und Weise

Es gibt von ihnen so viele, dass man hier nur eine **Übersicht** geben kann:

Bewertung	Erweiterung	Einschränkung
hoffentlich	außerdem	allerdings
leider	zudem	wenigstens
natürlich	erstens	mindestens
wirklich	zweitens	nur
gern	drittens	jedoch
...	...	...

Ich arbeite **gern**.

Außerdem mache ich viele Überstunden.

Ich möchte **nur** bezahlt werden.

	++	0	?	-
Grad	sehr	fast	vielleicht	keineswegs
	so	kaum	eventuell	keinesfalls
	besonders	ziemlich	wahrscheinlich	umsonst
	äußerst	ganz	vermutlich	vergebens
	...	...	...	...

Ich war **sehr** froh.

Es ging mir **ganz** gut.

Heute werde ich **vermutlich** entlassen.

Meine ganze Mühe war **umsonst**.

10 Das Verb

Was sind Verben und was drücken sie im Satz aus?

Welche **Arten** von Verben gibt es im Deutschen?

VERB
verb

Das Verb kann viele Dinge beschreiben.

träumen
Bewusstseinsprozesse

sich freuen
Empfindungen

verdampfen
Vorgänge

schaukeln
Handlungen

schmecken
Wahrnehmungen der Sinnesorgane

Die Grundform des Verbs heißt **Infinitiv** und setzt sich aus dem Wortstamm und der Endung **-en** bzw. **-n** zusammen.

Man kann die Verben in **3 Gruppen** einteilen:

Die **Veränderung** des Verbes wird **Konjugation** genannt. Es verändert sich in ...

... Person und Numerus

... Modus

Perfekt
Präteritum
Plusquamperfekt
Präsens
Futur II
Futur I
... Tempus
Aktiv
Passiv
... Handlungsrichtungen
Partizip I
Partizip II
... Partizipien

Das Vollverb

Die meisten Verben gehören zu den Vollverben.
Das heißt, sie können das **Prädikat** im Satz bilden.

Zu den Vollverben gehören …

Verben mit präpositionalen Angaben

Verben mit Objekten

Funktionsverben

reflexive Verben

trennbare und nicht trennbare Verben

Verben mit Objekten

transitiv

Objekte stehen im Akkusativ

intransitiv

- Objekte stehen im Dativ oder Genitiv
- Objekte stehen in Verbindung mit einer Präposition
- Es gibt kein Objekt

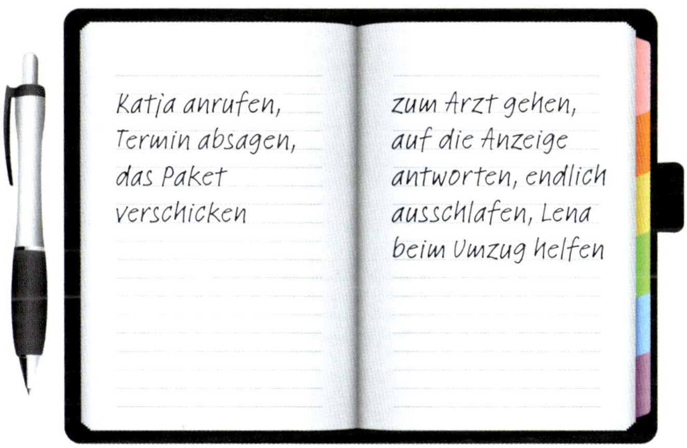

Transitive Verben können ein Passiv bilden.

Intransitive Verben können kein Passiv bilden.

Viele Verben können transitiv **und** intransitiv gebraucht werden.

Wir essen heute eine Pizza. Wir essen heute im Restaurant.

Verben mit präpositionalen Angaben

Einige Verben sind fest mit einer bestimmten **Präposition** verbunden.

Die **Präposition** verlangt einen **bestimmten Kasus**.

hoffen auf + Akkusativ
sich gewöhnen an + Akkusativ
Angst haben vor + Dativ

Wir **hoffen auf** besseres Wetter.

Langsam **gewöhne ich mich an** meine Arbeit.

Kleine Kinder **haben Angst vor** Monstern.

Reflexive Verben

Viele Verben werden in Verbindung mit einem **Reflexivpronomen** benutzt.

Das Reflexivpronomen bezieht sich auf das Subjekt des Satzes.

sich beeilen — **Ich** beeile **mich**.

sich vornehmen — **Ich** nehme **mir** heute vor zu gewinnen.

sich beruhigen

Das **Reflexivpronomen** kann im **Akkusativ** oder im **Dativ** stehen.

sich wundern

unechte reflexive Verben

Als Ersatz für **sich** kann ein Substantiv stehen.

kleinen Bruder beruhigen

echte reflexive Verben

Kein Substantiv ist als Ersatz für **sich** möglich.

Funktionsverben

… bilden das Prädikat **zusammen** mit einem Substantiv.

Die wichtigsten Funktionsverben:
bekommen, bringen, erhalten, finden, geben, kommen, machen, nehmen, ziehen

einen Antrag machen

in Erfüllung gehen

eine Straftat begehen

eine Entscheidung treffen

in Ruhe lassen

Trennbare und nicht trennbare Verben

Verben können mit **trennbaren** und **nicht trennbaren** Präfixen kombiniert werden. Dadurch bekommen die Verben eine neue Bedeutung.

hören

aufhören

Die **trennbaren Präfixe** sind betont.

Die **untrennbaren Präfixe** sind **unbetont**.

gefallen

fallen

Die wichtigsten trennbaren Präfixe

Präfix	Verb	Beispiel
ab-	› abhängen	› Alles **hängt** von ihrer Entscheidung **ab**.
an-	› anfangen	› Wann **fängt** der Film **an**?
auf-	› aufpassen	› **Pass** doch **auf**!
aus-	› ausrutschen	› Er **rutscht** auf einer Bananenschale **aus**.
ein-	› einkaufen	› Wir **kaufen** immer am Samstag **ein**.
her-	› herkommen	› **Komm** doch mal **her**!
hin-	› hingehen	› Wo **gehst** du **hin**?
los-	› loslassen	› **Lass** mich endlich **los**!
mit-	› mitkommen	› Er **kommt mit**.
vor-	› vorschlagen	› Ich **schlage vor**, wir gehen jetzt.
weg-	› wegbringen	› Du **bringst** die Post **weg**.
weiter-	› weiterleiten	› Ich **leite** es an meinen Chef **weiter**.
zu-	› zuhören	› **Hörst** du mir bitte mal **zu**!
zurück-	› zurückkommen	› Er **kam** gestern aus dem Urlaub **zurück**.

Die Satzstellung bei Verben mit trennbarem Präfix

Die Präfixe werden im **Präsens** und **Präteritum** abgetrennt, wenn kein zweites Verb im Satz vorhanden ist.

Im Aussagesatz und in der Frage mit Fragewort:

Ich	**halte**	so eine Stunde lang	**durch.**
Wie lange	**hältst**	du so	**durch?**

Bei Ja-/Nein-Fragen und Aufforderungen:

Hältst	du so eine Stunde lang	**durch?**
Halte		**durch!**

Wenn das konjugierte Verb am Satzende von Nebensätzen steht:

Ich hoffe,	dass ich so eine Stunde lang	**durchhalte.**

Untrennbare Präfixe

... können nicht allein stehen.

be-	› besuchen	› Ich besuche dich bald.
ent-	› entdecken	› Wo hat sie nur diese schicke Jacke entdeckt?
er-	› erschrecken	› Du erschreckst mich immer wieder!
ge-	› gefallen	› Er gefällt mir so sehr.
miss-	› missverstehen	› Ich fühle mich missverstanden.
wider-	› widersprechen	› Sie widerspricht mir jedes Mal.
ver-	› verlieren	› Beim Spiel verliere ich immer.
zer-	› zerdrücken	› Passt auf, dass ihr es nicht zerdrückt!

Mehrteilige Verben

… bilden das Prädikat aus **zwei Teilen**. Der **erste Teil** bleibt auch im Satz unverändert und steht am Ende.

Infinitiv + Verb

spazieren gehen

Alex und Johann **gehen spazieren**.

Partizip + Verb

geschenkt bekommen

Dieses Handy **bekam** ich erst gestern **geschenkt**.

Substantiv + Verb

Gitarre spielen

Anna **spielt** den ganzen Tag **Gitarre**.

Adverb + Verb

aufeinanderlegen

Für die Lasagne **legen** Sie Nudelblätter **aufeinander**.

Hilfsverben

Man braucht Hilfsverben,

... um die zusammengesetzten Zeitformen zu bilden.

Perfekt

Sie **sind** ins Kino gegangen und **haben** dort Popcorn gegessen.

Plusquamperfekt

Sie **hatte** schlecht geschlafen.

Futur

Wann **wird** er wohl kommen?

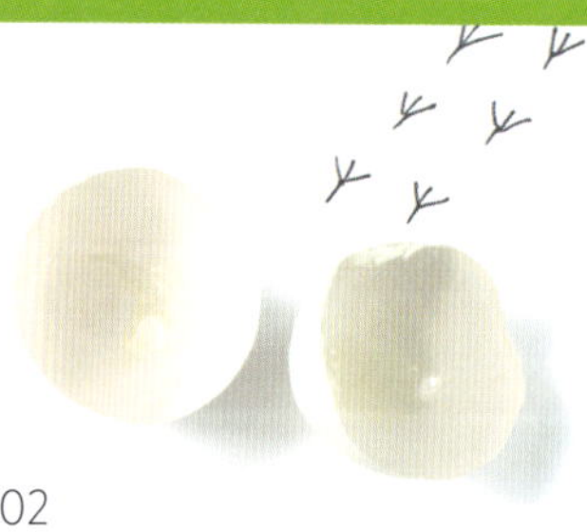

... bei der Bildung des Passivs.

Das Baby **wurde** geboren.

Hilfsverben können auch als
normale Vollverben im Satz stehen.

sein + Adjektiv

Diese Banane ist nicht besonders frisch.

sein + Substantiv

Das Haus ist ein Traum.

werden + Substantiv

Wie werde ich Millionär?

werden + Adjektiv

Ich werde langsam müde.

haben + Substantiv

Hoffentlich habe ich heute Glück.

haben + Adjektiv

Ich habe dich lieb.

Modalverben

Modalverben stehen meist mit einem anderen Verb. Das zweite Verb steht dann im **Infinitiv** am Satzende.

... Sie bestimmen die **Art** und **Weise**, wie man etwas tut.

Notwendigkeit

Heute Abend **muss** ich schön **aussehen**.

Befehl

Ihr **müsst** mir einen neuen Puder **kaufen**!

Aufforderung

Du **musst** unbedingt **hingehen**!

müssen

Rat oder Aufforderung einer anderen Person

Mama sagt, ich **soll** lieber **lernen**.

sollen

Wille oder Absicht

Ich **will** Supermodel **werden**.

wollen

können

Möglichkeit

Das Leben eines Models **kann** sehr anstrengend **sein**.

Fähigkeit

Ich **kann** schon auf hohen Schuhen **laufen**.

höfliche Bitte

Kannst du bitte damit **aufhören**?

Erlaubnis

Meine Schwester meinte, ich **kann** ihren Lippenstift nicht **nehmen**.

dürfen

Erlaubnis

Ich **darf** nur gesunde Sachen **essen**.

mögen

etwas gernhaben

Ich **mag** meine coole Brille.

möchten

... ist der Konjunktiv II von **mögen** und hat dann im Gegensatz zum Indikativ die Bedeutung von **wünschen**.

Ich **möchte** diese Schuhe kaufen.

... jemand hat einen **Wunsch**

... wird meist beim **Bestellen** und **Einkaufen** verwendet

Ich **mag** Schuhe.

Modalverben können auch **ohne Infinitiv** stehen, wenn **aus der Situation klar** hervorgeht, was gemeint ist.

- **Willst** du ein Eis (essen)? Ja, ich **will**.
- Kommst du mit? Nein, ich **kann** nicht (mitkommen).
- Ich **muss** nach Hause (gehen).

Die Negation der Modalverben

Bei der Negation von **dürfen** und **müssen** ändert sich die Bedeutung der Modalverben.

Verbot				
Hier	**darf**	man	**nicht**	Tauben füttern.
Hier	**soll**	man	**nicht**	Tauben füttern.
nicht möglich				
Paul	**kann**	morgen	**nicht**	zu dir kommen.
nicht notwendig				
Ich	**muss**	am Sonntag	**nicht**	früh aufstehen.
kein Zwang				
Spinat	**musst**	du	**nicht**	essen.

Verben mit speziellen Bedeutungen

brauchen

... kann wie ein **Modalverb** benutzt werden.
Der **Infinitiv** wird dann mit **zu** gebildet.

brauchen + nur/nicht ≈ müssen/nicht müssen

Du **brauchst** mich **nur anzurufen**, dann komme ich zu dir.	es ist **notwendig** (müssen)
Du **brauchst** mich **nicht** mehr **anzurufen**.	es ist **nicht notwendig** (nicht müssen)

kennen

Meist in Verbindung mit **Personen** und **Orten**.

Ich **kenne** den Kollegen gut.

Ich **weiß** aber wieder nicht, wie er heißt.

wissen

Kenntnis von Fakten, meist in Verbindung mit einem **Nebensatz**.

werden

Versprechen
Wir **werden** morgen aufräumen.

Vermutung, Beruhigung
Das Taxi **wird** schon pünktlich kommen.

Prognose
Heute **wird** das Wetter noch schön werden.

Plan
Ich **werde** am besten gleich anfangen.

lassen

eine Aufforderung aussprechen
Lassen Sie bitte den Koffer stehen.

einen Auftrag geben
Die Mutter **lässt** das Auto reparieren.

eine Erlaubnis geben
Er **lässt** sie zur Disko gehen.

etwas nicht tun
Ich **lasse** das lieber.

etwas verhindern
Sie **lässt** ihn nicht gehen.

ein Verbot aussprechen
Lassen Sie das!

Der Infinitiv

... ist die Grundform des Verbes.

Der Verbstamm ist der Infinitiv ohne Endung -en/-n und ohne Präfix.

Verbstamm + en

laufen, springen, rennen

Fast alle Infinitive setzen sich aus dem **Wortstamm** und der Endung **-en** zusammen.

Ausnahmen bilden die Verben auf: **-ern**, **-eln**, **-n**.

wandern

erinnern

tun

lächeln

sein

bügeln

Den Infinitiv ohne zu benutzt man ...

... im Futur I

Morgen **werde** ich einen neuen Computer **kaufen**.

... im Futur II

In einem Jahr **werde** ich mein Studium **absolviert haben**.

... bei kurzen Aufforderungen

Bitte die Heizung **anmachen**!

... mit Modalverben

Ich **kann** es einfach nicht **glauben**!

... bei Anweisungen

Zwiebeln **schälen** und in Stücke **schneiden**.

... im Konjunktiv

Ich **würde** gern Japanisch **lernen**.

Folgende Verben können in Verbindung mit einem Infinitiv auftreten:

bleiben — Ich **bleibe** hier **sitzen**.

gehen — Heute Abend **gehen** wir **tanzen**.

fahren — Ich **fahre** Jens vom Flughafen **abholen**.

lernen — Er **lernt** gerade Fahrrad **fahren**.

hören — **Hört** ihr ihn **singen**?

sehen — Ich **sehe** das Laub **fallen**.

lassen — **Lass** uns eine Pizza **bestellen**.

Der Infinitiv mit zu

Es gibt Verben, Substantive, Adjektive und Partizipien, nach denen zu + **Infinitiv** stehen kann.

Vor **zu + Infinitiv** kann man zum besseren Verständnis ein Komma setzen, wenn zum Infinitivsatz drei oder mehr Wörter gehören.

nach Verben

Er entscheidet sich, sein Leben **zu ändern**.
Er entscheidet sich, dass er sein Leben ändert.

... anstelle eines Nebensatzes mit der Konjunktion dass, wenn das **Subjekt** im Haupt- und im Nebensatz **identisch** ist.

Zu diesen Verben gehören außerdem: anbieten, anfangen, aufhören, beabsichtigen, beginnen, sich bemühen, beschließen, denken an, sich entschließen, fürchten, sich gewöhnen an, glauben, planen, scheinen, vergessen, sich verlassen auf, versprechen, versuchen, vorhaben, sich weigern.

Einige Verben stehen mit zu-Infinitiv, wenn das **Objekt** des **Hauptsatzes** gleichzeitig das **Subjekt** des **Nebensatzes** ist.

Zu diesen Verben gehören außerdem: anbieten, befehlen, bitten, bringen (zu), einladen, empfehlen, erinnern (an), ermöglichen, gelingen, helfen, leichtfallen, raten, schwerfallen, überreden (zu), verbieten, warnen.

Frau Müller rät ihrem Mann, nicht zu spät nach Hause **zu kommen**.

Frau Müller rät ihrem **Mann**, dass **er** nicht zu spät nach Hause kommt.

nach Adjektiven/Partizipien

... sein + Adjektiv / Partizip, ... zu + Infinitiv

Zu diesen Adjektiven und Partizipien gehören außerdem: bereit, entschlossen, erlaubt, erfreut, erstaunt, gesund/ungesund, gewohnt/ungewohnt, gut/schlecht, höflich/ unhöflich, leicht/schwer, praktisch/ unpraktisch, stolz, richtig/ falsch, überzeugt, unnötig, wichtig/unwichtig

Es ist verboten, dieses Zimmer **zu betreten**.

nach Substantiven

... Substantiv, ... zu + Infinitiv

Zu diesen Substantiven gehören außerdem: die Absicht haben, Freude haben, die Gelegenheit haben, Grund haben, die Möglichkeit haben, Mühe haben, das Problem haben, Schwierigkeiten haben, Zeit haben.

Ich habe Mühe, alles **zu verstehen**.

nach Konjunktionen

...,	anstatt	
...,	ohne	... zu + Infinitiv
...,	um	

Ich bin zu dir gekommen, **um zu reden**.

Warum bist du einfach gegangen, **ohne** etwas zu **sagen**?

Warum schreibst du mir immer E-Mails, **anstatt** mich **anzurufen**?

Infinitive können als Substantive gebraucht werden.

Stricken entspannt!

Die Partizipien

Das Partizip ist eine Verbform, die in der Mitte zwischen Verb und Adjektiv steht und wird deswegen auch Verbaladjektiv genannt.

Partizip I	Partizip II
Partizip der **Gegenwart**	Partizip der **Vergangenheit**

Partizipien werden **wie** Adjektive **dekliniert** und **verwendet**.

Mit dem **Artikel** kann das Partizip auch selbst zum Substantiv werden.

Die **lesende** Frau will nicht gestört werden. **(Nominativ)**
Der **lesenden** Frau gehören die Hunde. **(Dativ)**

Infinitiv	Partizip I	Partizip II
beißen	beißend	gebissen
retten	rettend	gerettet
riechen	riechend	gerochen
beobachten	beobachtend	beobachtet

Partizip I

Partizip I = Infinitiv + d

Partizip I als Adjektiv

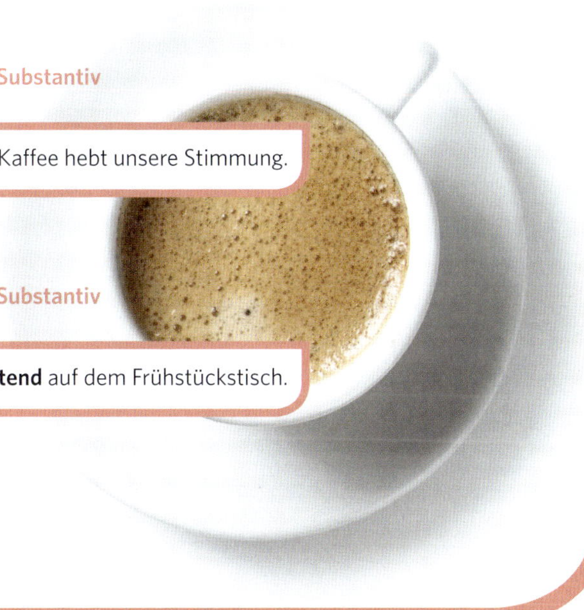

nach dem Substantiv

Der frisch **duftende** Kaffee hebt unsere Stimmung.

vor dem Substantiv

Der Kaffee steht **duftend** auf dem Frühstückstisch.

Partizip I als Substantiv

Reisende soll man nicht aufhalten.

Partizip II

Bei der Bildung des Partizips II muss man zwischen regelmäßigen und unregelmäßigen Verben unterscheiden.

Das Partizip II der regelmäßigen Verben

ge- + **Verbstamm** + -t

koch**en** – **ge**koch**t**, schmeck**en** – **ge**schmeck**t**

ge- + **Verbstamm** endet auf -d oder -t + -et

red**en** – **ge**red**et**, arbeit**en** – **ge**arbeit**et**

Verben mit der Endung -ieren

Verbstamm + -t

fotograf**ieren** – fotografier**t**, repar**ieren** – reparier**t**

Das Partizip II der unregelmäßigen Verben

ge- + veränderter Verbstamm + -en

springen – gesprungen, fahren – gefahren

-ge-

bei Verben mit trennbarem Präfix hinfahren

Bist du schon hingefahren?

-ge- (entfällt)

verstehen – verstanden

bei Verben mit untrennbarem Präfix

Wir haben den Film nicht **verstanden**.

vorbereiten – vorbereitet

bei Verben mit zwei Präfixen

Warum habe ich mich nur so schlecht **vorbereitet**?

Partizip II als Adjektiv

vor dem Substantiv — Die **gewaschene** Wäsche hängt im Garten.

wie ein **Adjektiv** dekliniert

keine Deklination

Die Wäsche hängt **gewaschen** im Garten. — **nach** dem Substantiv

Partizip II als Substantiv

verheiratet – Leben **Verheiratete** wirklich glücklicher?

Die Bildung der Verbformen

Es gibt **verschiedene Arten**, die **Formen des Verbs** zu bilden. Man unterscheidet:

unregelmäßige Verben	regelmäßige Verben

Welcher Gruppe ein Verb zugeordnet wird, kann man erkennen, wenn man die **3 Stammformen des Verbes** betrachtet:

Infinitiv	Präteritum 3. Person Singular	Partizip II
hängen	hing	gehangen
krabbeln	krabbelte	gekrabbelt

Die regelmäßigen Verben

... werden auch **schwache Verben** genannt.

Bei den **regelmäßigen Verben verändert** sich der **Verbstamm nicht**.

Im **Präteritum** erhält der **Verbstamm** die Endung -te, beim **Partizip II** die Endung -t.

Infinitiv	Präteritum 3. Person Singular	Partizip II
 + -en	 + -te	 + -t
sag**en** probier**en** öffn**en**	sag**te** probier**te** öffne**te**	gesag**t** probier**t** geöffne**t**

Die unregelmäßigen Verben

Bei unregelmäßigen Verben verändert sich der Stammvokal im Präteritum und teilweise auch im Partizip II.

... werden auch starke Verben genannt.

Das Partizip II hat die Endung -en.

Für die Veränderung des Stammvokals gibt es 3 Möglichkeiten:

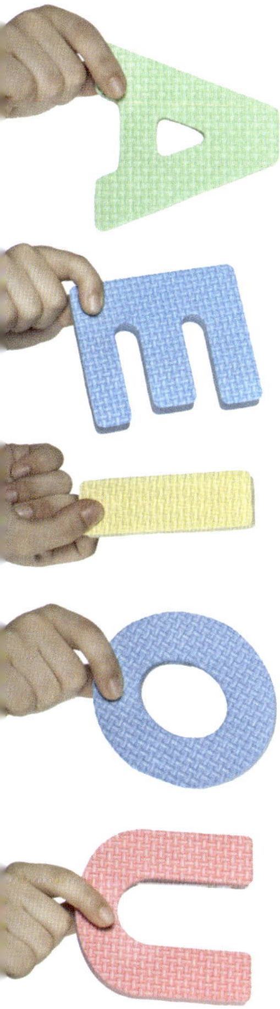

singen – er sang – er hat gesungen

Im **Infinitiv**, **Präteritum** und **Partizip II** gibt es 3 verschiedene **Vokale**.

riechen – er roch – er hat gerochen

Im **Präteritum** und **Partizip II** sind die **Vokale** gleich.

sehen – er sah – er hat gesehen

Im **Infinitiv** und **Partizip II** sind die **Vokale** gleich.

Unregelmäßige Verben, die besondere Formen bilden:

gehen	ging	gegangen
haben	hatte	gehabt
nehmen	nahm	genommen
sein	war	gewesen
sitzen	saß	gesessen
stehen	stand	gestanden
treffen	traf	getroffen
tun	tat	getan
werden	wurde	geworden
ziehen	zog	gezogen

Die gemischten Verben wechseln zwar den Stammvokal, haben aber im Partizip II die t-Endung der regelmäßigen Verben.

bringen	brachte	gebracht
kennen	kannte	gekannt
wissen	wusste	gewusst

Am besten ist es, alle drei Stammformen zu lernen, wenn man ein neues Verb kennenlernt.

Die Personalformen des Verbs

Wenn sich das Verb nach Person und Numerus verändert, bekommen die einzelnen Personalformen **bestimmte Endungen**, die an den **Verbstamm** gehängt werden.

Zunächst werden die **Verben** im Präsens (Gegenwart) dargestellt.

Die Personalformen im **Präsens**

Verbstamm + Personalendung

Sowohl regelmäßige als auch unregelmäßige Verben haben folgende Endungen für die einzelnen Personen im Singular und Plural:

	Singular		Plural	
1. Person	ich spiele	-e	wir spielen	-en
2. Person	du spielst	-st	ihr spielt	-t
3. Person	er spielt	-t	sie spielen	-en

Besonderheiten

e	auf **-d/-t**		auf **-m/-n**, wenn ein anderer Konsonant (außer l,m,n,r) davor steht	
	re**d**en	kos**t**en	öff**n**en	beg**e**g**n**en
ich	rede	koste	öffne	begegne
du	red**e**st	kost**e**st	öffn**e**st	begegn**e**st
er/sie/es	red**e**t	kost**e**t	öffn**e**t	begegn**e**t
wir	reden	kosten	öffnen	begegnen
ihr	red**e**t	kost**e**t	öffn**e**t	begegn**e**t
sie/Sie	reden	kosten	öffnen	begegnen

Bei Verben, deren Stamm auf -d/-t endet › nur in der 2. Person Plural: halten: du hältst, ihr haltet, einladen: du lädst ein, ihr ladet ein

s	auf **-s/-ß/-x/-z**			
	ra**s**en	hei**ß**en	fa**x**en	wür**z**en
ich	rase	heiße	faxe	würze
du	rast	heißt	faxt	würzt
er/sie/es	rast	heißt	faxt	würzt
wir	rasen	heißen	faxen	würzen
ihr	rast	heißt	faxt	würzt
sie/Sie	rasen	heißen	faxen	würzen

e	Infinitiv auf **-eln**		Infinitiv auf **-ern** (optional)	
	seg**eln**	rad**eln**	wand**ern**	bedau**ern**
ich	segle	radle	wand(e)re	bedau(e)re
du	segelst	radelst	wanderst	bedauerst
er/sie/es	segelt	radelt	wandert	bedauert
wir	segeln	radeln	wandern	bedauern
ihr	segelt	radelt	wandert	bedauert
sie/Sie	segeln	radeln	wandern	bedauern

Verben mit Vokalwechsel

Die Verben mit Vokalwechsel gehören zu den unregelmäßigen Verben. Sie haben im Infinitiv ein e, a, au oder o im Stamm.

e > i

ich	gebe
du	gibst
er/sie/es	gibt
wir	geben
ihr	gebt
sie/Sie	geben

brechen, erschrecken, essen, helfen, messen

e > ie

ich	stehle
du	st**ie**hlst
er/sie/es	st**ie**hlt
wir	stehlen
ihr	stehlt
sie/Sie	stehlen

befehlen, empfehlen, geschehen, lesen, sehen

a > ä

ich	grabe
du	gr**ä**bst
er/sie/es	gr**ä**bt
wir	graben
ihr	grabt
sie/Sie	graben

fahren, fangen, gefallen, halten, waschen

o > ö

ich	stoße
du	st**ö**ßt
er/sie/es	st**ö**ßt
wir	stoßen
ihr	stoßt
sie/Sic	stoßen

Ableitungen mit Präfixen: anstoßen, umstoßen

au > äu

ich	laufe
du	l**äu**fst
er/sie/es	l**äu**ft
wir	laufen
ihr	lauft
sie/Sie	laufen

laufen

i > ei

ich	**weiß**
du	w**ei**ßt
er/sie/es	w**ei**ß
wir	wissen
ihr	wisst
sie/Sie	wissen

Das Verb hat eine besondere Form im Singular

Tempora
(Zeiten)

Präteritum

Plusquamperfekt

Perfekt

Vergangenheit

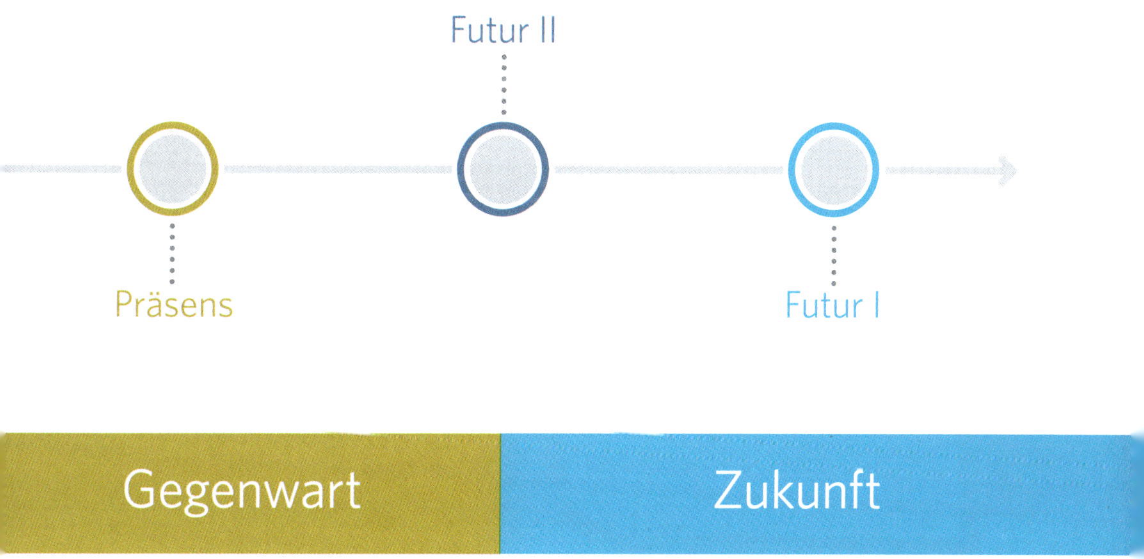
Futur II
Präsens
Futur I
Gegenwart
Zukunft

Das Präsens

Das Präsens bezeichnet meist Geschehen in der Gegenwart. Es gibt jedoch einige Möglichkeiten, die Gegenwart zu modifizieren.

etwas geschieht im Moment

Lisa schreibt gerade in ihrem Tagebuch.

etwas, was früher begann, dauert bis jetzt an

Lisa lebt seit drei Monaten in Deutschland.

allgemein Gültiges

Deutschland ist ein Land der Europäischen Union.

historisches Präsens

Am 1. Januar 2002 wird in Deutschland der Euro eingeführt.

wiederholte Handlungen

Drei Mal pro Woche geht Lisa zu einem Sprachkurs.

zukünftiges Geschehen

Morgen hat Lisa eine Prüfung.

Die Bildung des Präsens

Die Bildung der Präsensformen der regelmäßigen und unregelmäßigen Formen wird auf den S. 221 ff. beschrieben.

Hier werden die Präsensformen der Hilfs- und der Modalverben gezeigt.

	Singular			Plural		
	1. Person	2. Person	3. Person	1. Person	2. Person	3. Person
	ich	du	er/sie/es	wir	ihr	sie/Sie
haben	habe	hast	hat	haben	habt	haben
sein	bin	bist	ist	sind	seid	sind
werden	werde	wirst	wird	werden	werdet	werden
können	kann	kannst	kann	können	könnt	können
wollen	will	willst	will	wollen	wollt	wollen
dürfen	darf	darfst	darf	dürfen	dürft	dürfen
sollen	soll	sollst	soll	sollen	sollt	sollen
mögen	mag	magst	mag	mögen	mögt	mögen
müssen	muss	musst	muss	müssen	müsst	müssen

Das Perfekt

haben/sein im Präsens + **Partizip II**

Das **Perfekt** wird vor allem in der gesprochenen Sprache, aber auch in privater oder halbformeller Schriftsprache benutzt.

Vergangenes Geschehen, das vor der Gegenwart liegt.

vor 3 Stunden – **jetzt**

Sie **hat** ihn vor 3 Stunden **angerufen**.

Vergangenes Geschehen, das bis in die Gegenwart reicht.

vor 3 Stunden – **jetzt**

Sie **hat** vor 3 Stunden angefangen mit ihm zu **telefonieren**.

Das Perfekt mit HABEN

Verben mit Akkusativobjekt

Hat er seine Bilder nicht **gelöscht**?

Die meisten Verben bilden das Perfekt mit haben.

Verben ohne Objekt

Es **hat** wieder nicht **funktioniert**.

reflexive Verben

Er **hat** sich so **geschämt**.

Das Perfekt mit SEIN

Verben der Ortsveränderung

Verben, die sich auf eine Zustandsänderung beziehen

Der Goldfisch **ist gesprungen**.

Der Goldfisch ist gewachsen.

passieren

Was **ist passiert**?

sein

Tom **ist** in der Speisekammer **gewesen**.

bleiben

Er **ist** dort **geblieben**, bis kein Fleischklößchen mehr da war.

werden

Zum Schluss **ist** ihm schlecht **geworden**.

Manche Verben können das Perfekt mit **sein** und **haben** bilden.

Ich **bin** nach München **gefahren**.
Ich **habe** Maria nach München **gefahren**.

Das Perfekt der Modalverben

Das **Perfekt der Modalverben** wird mit haben gebildet. Es wird **selten benutzt**. **Gebräuchlicher** ist das Präteritum.

Perfekt	Präteritum
Ich habe heute um 6 Uhr aufstehen können. (nicht: gekonnt!)	Ich konnte heute um 6 Uhr aufstehen.
Modalverb im Infinitiv	Modalverb + Vollverb
Ich habe gestern nicht gekonnt. Er hat das wirklich gewollt!	Ich konnte gestern nicht. Er wollte das wirklich!
Modalverb im Partizip II	nur Modalverb

Das Perfekt von Verben, die mit Infinitiv stehen

Verben, die **mit Infinitiv** stehen, bilden das Perfekt wie **alle anderen Verben**.

Der nachfolgende **Infinitiv bleibt erhalten**.

Bei dem schönen Wetter sind wir heute spazieren gegangen.

Bei den Verben hören, sehen und lassen steht anstelle des **Partizips** der **Infinitiv**.

lassen	Ich habe es mir gestern gut gehen lassen. **nicht:** gelassen
sehen	Den Streit habe ich kommen sehen. **nicht:** gesehen
hören	Ich habe meine Frau schimpfen hören. **nicht:** gehört

Das Präteritum

Das Präteritum beschreibt ein **abgeschlossenes vergangenes Geschehen** und liegt zeitlich vor Perfekt.

Man verwendet es besonders in der schriftlichen Sprache.

Bei der **Bildung** des Präteritums wird zwischen regelmäßigen und unregelmäßigen Verben unterschieden.

Das Präteritum der regelmäßigen Verben

Verbstamm + -t + Personalendung

regelmäßige Verben

e

wohnen	reden	
ich wohn**te**	ich rede**te**	-te
du wohn**test**	du rede**test**	-test
er wohn**te**	er rede**te**	-te
wir wohn**ten**	wir rede**ten**	-ten
ihr wohn**tet**	ihr rede**tet**	-tet
sie/Sie wohn**ten**	sie/sie rede**ten**	-ten

unregelmäßige Verben

gehen	
ich ging	keine Endung
du ging**st**	-st/-est
er ging	keine Endung
wir ging**en**	-en
ihr ging**t**	-t
sie/Sie ging**en**	-en

gemischte Verben

bringen
ich brach**te**
du brach**test**
er brach**te**
wir brach**ten**
ihr brach**tet**
sie/Sie brach**ten**

Das Präteritum von Hilfsverben

haben		sein		werden	
ich	hatte	ich	war	ich	wurde
du	hattest	du	warst	du	wurdest
er/sie/es	hatte	er/sie/es	war	er/sie/es	wurde
wir	hatten	wir	waren	wir	wurden
ihr	hattet	ihr	wart	ihr	wurdet
sie/Sie	hatten	sie/Sie	waren	sie/Sie	wurden

Das Präteritum von Modalverben

Die Modalverben bilden das Präteritum wie **die regelmäßigen Verben**. Sie haben allerdings keinen Umlaut wie im Präsens.

können		wollen		müssen	
ich	konnte	ich	wollte	ich	musste
du	konntest	du	wolltest	du	musstest
er/sie/es	konnte	er/sie/es	wollte	er/sie/es	musste
wir	konnten	wir	wollten	wir	mussten
ihr	konntet	ihr	wolltet	ihr	musstet
sie/Sie	konnten	sie/Sie	wollten	sie/Sie	mussten

dürfen		sollen		mögen	
ich	durfte	ich	sollte	ich	mochte
du	durftest	du	solltest	du	mochtest
er/sie/es	durfte	er/sie/es	sollte	er/sie/es	mochte
wir	durften	wir	sollten	wir	mochten
ihr	durftet	ihr	solltet	ihr	mochtet
sie/Sie	durften	sie/Sie	sollten	sie/Sie	mochten

Das Plusquamperfekt

Das Plusquamperfekt bezeichnet die **Vorzeitigkeit** zum **Präteritum**. Es steht nie allein, sondern immer im Zusammenhang mit anderen Handlungen, die danach passieren.

im Präteritum
haben/sein + Partizip II

Das Futur I

ich	**werde** heiraten
du	**wirst** heiraten
er/sie/es	**wird** heiraten
wir	**werden** heiraten
ihr	**werdet** heiraten
sie/Sie	**werden** heiraten

Das Futur I bezeichnet ein **Geschehen in der Zukunft**.

Personalform
werden + **Infinitiv**
im **Präsens**

Prognose

Im nächsten Jahr **werde** ich mehr **verdienen**.

Versprechen

Im nächsten Jahr **werden** wir ein Haus **kaufen**.

Intention

Im nächsten Jahr **werde** ich weniger **fernsehen**.

Vermutung

John **wird wohl** schon **schlafen**.

Meist verwendet man aber das **Präsens** mit einer Zeitangabe, die deutlich macht, dass die Handlung in der Zukunft passiert.

Das Futur II

Das Futur II bezeichnet das **Geschehen in der Zukunft**, das noch vor dem **anderen Geschehen in der Zukunft** stattfindet und als abgeschlossen betrachtet wird.

Bis zum Jahresende **wirst** du eine wichtige Entscheidung **getroffen haben**.

Mit dem Futur II kann man außerdem eine Vermutung über ein **vergangenes Geschehen** ausdrücken.

Sie **wird** wohl alles **geglaubt haben**.

Das Futur II kommt eher selten vor. Meist verwendet man statt des **Futur II** das **Perfekt** und statt des **Futur I** das **Präsens**.

Die Modi

Mit einer **Aussage** verbindet der Sprecher in der Regel eine **Absicht**. Die Aussage kann sehr verschieden sein.

Indikativ

Der Sprecher drückt etwas ganz **Konkretes** und **Reales** aus.

Ich brauche ein Messer.

Imperativ

Der Sprecher **befiehlt** oder **wünscht** etwas.

Gib das Messer her!

Der Mann sagte,
er brauche ein Messer.

Es wäre gut, wenn ich
jetzt ein Messer hätte.

Konjunktiv I

Der Sprecher gibt etwas **Gesehenes** oder **Gehörtes** wieder.

Konjunktiv II

Der Sprecher **wünscht sich** etwas, was vielleicht gar **nicht möglich** ist.

Der Indikativ = Wirklichkeitsmodus

Der Indikativ **drückt aus,**

> was **ist,**

> was **geschehen ist,**

> was **geschehen wird.**

Die Konjunktive

... haben die Aufgabe, Formen der Möglichkeit auszudrücken.

Konjunktiv I | **Konjunktiv II**

Der Konjunktiv I

Der Konjunktiv I ist typisch für die indirekte Rede.

Direkte Rede	Indirekte Rede

Der Sänger P. sagt in der direkten Rede gegenüber einer Reporterin: **„Ich freue mich sehr über diesen Preis!"**	Die Reporterin berichtet am nächsten Tag im Fernsehen von ihrem Gespräch mit dem Sänger. Sie benutzt die indirekte Rede: Der Sänger P. **sagte, dass er sich über diesen Preis sehr freue**.

Der Konjunktiv I wird hauptsächlich in Texten verwendet. In der Umgangssprache bevorzugt man den Konjunktiv II.

Ich **habe** Sophies Freund gestern Abend in einer Bar **gesehen**.

Katja sagte, dass sie deinen Freund gestern in einer Bar **gesehen hat (habe)**.

Die Tempora der indirekten Rede

Die indirekte Rede kann in allen sechs Tempora stehen.

An der Auswahl des Tempus kann man erkennen, wann das **Geschehen** stattfindet.

Konjunktiv I Perfekt	Das Geschehen hat bereits stattgefunden (vorher).
Konjunktiv I Präsens	Das Geschehen findet im Moment des Sprechens statt (gleichzeitig).
Konjunktiv I Futur	Das Geschehen findet später statt (nachher).

Bei der indirekten Rede gibt es immer einen übergeordneten Satz, in dem die **sprechende Person** genannt wird.

Im zweiten Teil des Satzes erfährt man dann, **worum es geht**.

übergeordneter Satz	untergeordneter Satz
	Konjunktiv I Perfekt
Anja erzählte,	dass sie vor einem Jahr ein Kind bekommen habe.
	Konjunktiv I Präsens
Sie sagte,	sie gehe jetzt wieder arbeiten.
	Konjunktiv I Futur
Ihr Chef hat ihr versprochen,	dass sie nur vormittags arbeiten werde.

Bei Anleitungen liest man manchmal auch den **Konjunktiv I**

> In älteren **Koch-** und **Backbüchern**:
Man **nehme** 3 Eier und schlage sie in die Schüssel.

> Auf **Packungsbeilagen** von Medikamenten:
Man **nehme** täglich 3 Tropfen.

> In **rhetorischen** und **religiösen Aussagen** voller Pathos:
Möge Eure Liebe ewig währen!

Konjunktiv I Präsens

Der Konjunktiv I Präsens wird vom **Infinitiv** des Verbs abgeleitet.

Indikativ Präsens regelmäßig/unregelmäßig			Konjunktiv I	
ich höre, ich rufe	-e	>	ich höre, ich rufe	-e
du hörst, du rufst	-st		du hörest, du rufest	-est
er/sie/es hört, er/sie/es ruft	-t		er/sie/es höre, er/sie/es rufe	-e
wir hören, wir rufen	-en	>	wir hören, wir rufen	-en
ihr hört, ihr ruft	-t		ihr höret, ihr rufet	-et
sie hören, sie rufen	-en	>	sie hören, sie rufen	-en

Die meisten Formen des **Konjunktiv I** lassen sich nicht von den Formen des **Indikativs Präsens** unterscheiden. In diesen Fällen benutzt man als Ersatz den **Konjunktiv II**.

Hilfsverben und Beispielverben im Konjunktiv I

Die Formen, die häufig benutzt werden, sind **blau** markiert.

Für alle anderen Formen > **Konjunktiv II**.

	sein	haben	werden	müssen	wollen	kaufen	lassen	wissen
ich	**sei**	habe	werde	**müsse**	**wolle**	kaufe	lasse	**wisse**
du	**seist**	habest	werdest	müssest	wollest	kaufest	lassest	wissest
er/sie/es	**sei**	**habe**	**werde**	**müsse**	**wolle**	**kaufe**	**lasse**	**wisse**
wir	**seien**	haben	werden	müssen	wollen	kaufen	lassen	wissen
ihr	seiet	habet	werdet	müsset	wollet	kaufen	lasset	wisset
sie/Sie	**seien**	haben	werden	müssen	wollen	kaufen	lassen	wissen

Konjunktiv I Perfekt

haben/sein + **Partizip II**
Konjunktiv I — Vollverb

ich **sei gegangen**

er **habe gegeben**

Die Oma sagte, sie **habe** heute keinen Kuchen **gebacken**.

1. Person Singular (ich) 1. Person Plural (wir) 3. Person Plural (sie/Sie)	>	**Konjunktiv I Perfekt unterscheidet sich nicht** vom Indikativ Perfekt	>	Man benutzt Konjunktiv II **statt** Konjunktiv I

Lena erzählte, dass ihre Nachbarn ein Wohnmobil gekauft hätten.

Konjunktiv I Futur

werden + **Infinitiv**
Konjunktiv I — Vollverb

er **werde kommen**

du **werdest bringen**

Die Kollegin versprach, sie **werde** morgen pünktlich **sein**.

1. Person Singular (ich) Pluralformen	>	**Konjunktiv I Futur unterscheidet sich nicht** vom Indikativ Perfekt.	>	Man benutzt Konjunktiv II **statt** Konjunktiv I

Der Wetterbericht sagt, dass Regen und Stürme zunehmen würden.

Der Konjunktiv II

irreale Sätze

Wenn es kein Internet **gäbe**, **würden** wir etwas zusammen **unternehmen**.

Rat geben

Mit deinem Wohnungsproblem **würde** ich zum Mieterbund **gehen**.

irreale Vergleiche

Sie tat so, als ob sie nichts **wüsste**.

höflicher Wunsch

Wärst du so freundlich, dich zu beeilen?

irreale Wünsche

Wenn ich nur etwas fliegen **könnte**!

Indirekte Rede

... wenn sich die Formen von Indikativ und **Konjunktiv I nicht unterscheiden**, damit es **keine Missverständnisse** gibt.

Die Bildung des Konjunktivs II

Die Formbildung bei regelmäßigen Verben

ich	würde	+ Infinitiv
du	würdest	
er/sie/es	würde	
wir	würden	
ihr	würdet	
sie/Sie	würden	

Ich würde hier gerne **wohnen**, wenn es nicht so teuer wäre.
Wenn er nicht so viel **arbeiten** würde, hätte er mehr Zeit.

Die Formbildung bei unregelmäßigen Verben

ich	Präteritum +	-e
du		-(e)st
er/sie/es		-e
wir		-en
ihr		-(e)t
sie/Sie		-en

Wenn es nach mir **ginge**, **bliebe** ich lieber zu Hause.

ich **kam** a > ä	
ich	käme
du	kämest
er/sie/es	käme
wir	kämen
ihr	kämet
sie/Sie	kämen

ich **zog** o > ö	
ich	zöge
du	zögest
er/sie/es	zöge
wir	zögen
ihr	zöget
sie/Sie	zögen

ich **trug** u > ü	
ich	trüge
du	trügest
er/sie/es	trüge
wir	trügen
ihr	trüget
sie/Sie	trügen

Besonders gebräuchlich sind die Formen des **Konjunktivs II** bei folgenden Verben:

	haben	sein	werden	müssen	dürfen	lassen	wissen
ich	hätte	wäre	würde	müsste	dürfte	ließe	wüsste
du	hättest	wär(e)st	würdest	müsstest	dürftest	ließest	wüsstest
er/sie/es	hätte	wäre	würde	müsste	dürfte	ließe	wüsste
wir	hätten	wären	würden	müssten	dürften	ließen	wüssten
ihr	hättet	wäret	würdet	müsstet	dürftet	ließet	wüsstet
sie/Sie	hätten	wären	würden	müssten	dürften	ließen	wüssten

gehen: ich ginge … **bleiben:** ich bliebe …

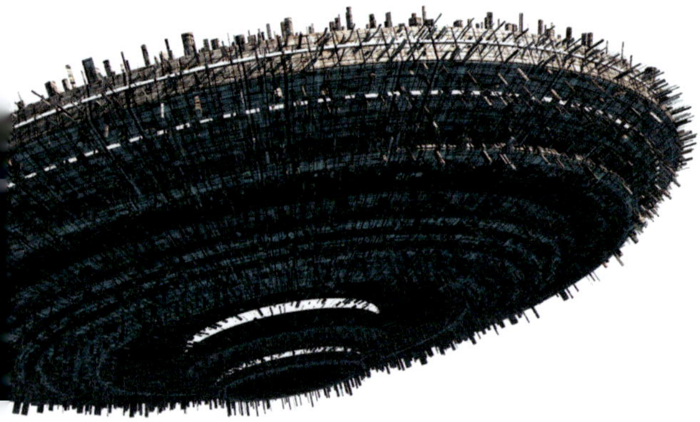

Bei anderen **unregelmäßigen Verben** verwendet man meist würde + Infinitiv:

Ich **würde** es so gern mit eigenen Augen **sehen**.

Konjunktiv II Plusquamperfekt

Im Konjunktiv II gibt es nur eine Vergangenheitsform.

haben/sein (Konjunktiv II) + **Partizip II**

Es wäre besser gewesen, wenn du es nicht gemacht hättest.

Der Imperativ

Befehl oder Aufforderung

Geh doch endlich!

Bitte

Haben Sie bitte etwas Geduld!

Der Unterschied zwischen einer **Bitte**, einer **Aufforderung** und einem **Befehl** liegt oft in der **Intonation** und **Partikeln**, zum Beispiel **doch**, **mal**, **bitte** ...

Fahr ein bisschen langsamer!

Rat

Bleib so, wie du bist!

Wunsch

Die Bildung des Imperativs

~~du~~ hör~~st~~		Hör(e)!
~~du~~ gib~~st~~	+ -(e) =	Gib!
~~du~~ schläf~~st~~		Schlaf!

Wenn der Konsonant vor dem -m/-n ein m, n, l, r oder h ist:	Wenn der Stamm auf -d, -t, unbetontes -ig oder Konsonant + m/-n endet:	Bei Verben auf -eln entfällt das -e im Verbstamm:
kein -e	+ -e	-~~e~~-
Komm! Lern! Renn! Qualm! Ahm nach!	**Rede! Sende! Biete! Rette! Verteidige! Rechne! Widme!**	**sammeln – Sammle! klingeln – Klingle!**

~~ihr~~ hört = Hört!

Gebt! Schlaft!

Sie hören = Hören Sie!

Geben Sie! Schlafen Sie!

Besondere Imperativformen von HABEN, SEIN und WERDEN

haben

du > Hab doch Geduld!
ihr > Habt doch Geduld!
Sie > Haben Sie doch Geduld!

werden

du > Werd(e) gesund!
ihr > Werdet gesund!
Sie > Werden Sie gesund!

sein

du > Sei vorsichtig!
ihr > Seid vorsichtig!
Sie > Seien Sie vorsichtig!

Der Imperativ bei Verben mit trennbaren Präfixen

Das **Präfix** steht **am Ende** des Satzes. >

weggehen - Geh **weg**!
abwaschen - Wasch jetzt bitte **ab**!

Das Passiv

Ein Geschehen kann aus **zwei Perspektiven** betrachtet werden

Beim Aktiv steht die **handelnde Person** im Mittelpunkt. Beim Passiv der **Vorgang** selbst:

Lea plündert ihr Sparschwein.

Das Sparschwein **wird geplündert**.

Soll eine handelnde Person genannt werden, steht sie im Passiv in Verbindung mit der Präposition **von**:

Das Sparschwein wurde **von Lea** geplündert.

Manchmal benutzt man auch die Präposition **durch**:

Das Sparschwein wurde **durch Zufall** gerettet.

Es gibt **2 Formen** des Passivs:

das Vorgangspassiv	**das Zustandspassiv**
Die Sandburg **wird gebaut**.	Die Sandburg **ist gebaut**.
Der **Ablauf** der Handlung ist wichtig.	Der **Zustand** nach der Handlung ist wichtig.
werden + Partizip II **Personalform**	sein + Partizip II **Personalform**

Sätze mit dem Pronomen **man** können einen Passivsatz ersetzen. > **Man** baut gerade eine Sandburg.

Bildung des Passivs

Alle **transitiven Verben** (Verben mit Akkusativobjekt) bilden das Passiv.

	Das Vorgangspassiv	Das Zustandspassiv
Präsens	**werden** + Partizip II Personalform Die Bettwäsche **wird** jede Woche **gewechselt**.	**sein** + Partizip II Personalform Die Wäsche **ist** frisch **gewaschen**.
Präteritum	Personalform **werden** + Partizip II im Präteritum Die Hose **wurde** nicht **gebügelt**.	Personalform **sein** + Partizip II im Präteritum Die Bluse **war** gebügelt.
Perfekt	**sein** + Partizip II + **worden** Personalform Der Pullover **ist** mit dem falschen Waschmittel **gewaschen worden**.	**sein** + Partizip II + **gewesen** Personalform Das Hemd **ist** zu heiß **gewaschen gewesen**.
Plusquamperfekt	Personalform **sein** + Partizip II + **worden** im Präteritum Dieser Mantel **war** schon mehrmals **gereinigt worden**.	Personalform **sein** + Partizip II + **gewesen** im Präteritum Die Reinigung **war** wieder **geschlossen gewesen**.

	Das Vorgangspassiv	Das Zustandspassiv
Futur I	**werden** (Personalform) + Partizip II + **werden** (Infinitiv) Die Socken **werden** nach der Wäsche **sortiert werden**.	**werden** (Personalform) + Partizip II + **sein** (Infinitiv) Die Waschmaschine **wird ausgeschaltet sein**.
Futur II	**werden** (Personalform) + Partizip II + **worden sein** Der Trockner **wird eingeschaltet worden sein**.	**werden** (Personalform) + Partizip II + **gewesen sein** Der Trockner **wird eingeschaltet gewesen sein**.

	Präsens	Perfekt
Das Passiv des Konjunktivs I	**werden** (Konjunktiv I) + Partizip II Die Verkäuferin sagte, die Waschmaschine **werde** morgen **geliefert**.	**sein** (Konjunktiv I) + Partizip II + **worden** Die Verkäuferin sagte, der Trockner **sei** gestern **geliefert worden**.
Das Passiv des Konjunktivs II	**werden** (Konjunktiv II) + Partizip II Die Wäsche **würde gewaschen**, wenn ich Zeit hätte.	**sein** (Konjunktiv II) + Partizip II + **worden** Die Wäsche **wäre gewaschen worden**, wenn die Waschmaschine nicht kaputt gewesen wäre.

Das Passiv bei Modalverben

Modalverb (Personalform) + Partizip II + **werden** (Infinitiv)

Die Wäsche **muss** noch **gewaschen werden**.

11 Die wichtigsten unregelmäßigen Verben

Welche unregelmäßigen Verben muss ich kennen?

Welche Formen sind unregelmäßig?

Die wichtigsten unregelmäßigen Verben

B

Infinitiv	Präsens 3. Person Singular	Präteritum 3. Person Singular	Partizip II
befehlen	befielt	befahl	befohlen
beginnen	beginnt	begann	begonnen
behalten	behält	behielt	behalten
beißen	beißt	biss	gebissen
bekommen	bekommt	bekam	bekommen
belügen	belügt	belog	belogen
beraten	berät	beriet	beraten
beschließen	beschließt	beschloss	beschlossen
beschreiben	beschreibt	beschrieb	beschrieben
besitzen	besitzt	besaß	besessen
betragen	beträgt	betrug	betragen
betrügen	betrügt	betrog	betrogen
beweisen	beweist	bewies	bewiesen
bewerben	bewirbt	bewarb	beworben
beziehen	bezieht	bezog	bezogen
biegen	biegt	bog	gebogen
bieten	bietet	bot	geboten
binden	bindet	band	gebunden
bitten	bittet	bat	gebeten
blasen	bläst	blies	geblasen
bleiben	bleibt	blieb	ist geblieben
braten	brät	briet	gebraten
brechen	bricht	brach	hat/ist gebrochen
brennen	brennt	brannte	gebrannt
bringen	bringt	brachte	gebracht

D

Infinitiv	Präsens 3. Person Singular	Präteritum 3. Person Singular	Partizip II
denken	denkt	dachte	gedacht
dringen	dringt	drang	ist gedrungen

E

Infinitiv	Präsens 3. Person Singular	Präteritum 3. Person Singular	Partizip II
enthalten	enthält	enthielt	enthalten
entlassen	entlässt	entließ	entlassen
empfehlen	empfiehlt	empfahl	empfohlen
entscheiden	entscheidet	entschied	entschieden
entschließen	entschließt	entschloss	entschlossen
entsprechen	entspricht	entsprach	entsprochen
entstehen	entsteht	entstand	ist entstanden
erfahren	erfährt	erfuhr	erfahren
erfinden	erfindet	erfand	erfunden
erhalten	erhält	erhielt	erhalten
erkennen	erkennt	erkannte	erkannt
erscheinen	erscheint	erschien	ist erschienen
erschrecken	erschrickt	erschrak	ist erschrocken
erziehen	erzieht	erzog	erzogen
essen	isst	aß	gegessen

F

Infinitiv	Präsens 3. Person Singular	Präteritum 3. Person Singular	Partizip II
fahren	fährt	fuhr	ist gefahren
fallen	fällt	fiel	ist gefallen
fangen	fängt	fing	gefangen
finden	findet	fand	gefunden
fliegen	fliegt	flog	ist geflogen
fliehen	flieht	floh	ist geflohen
fließen	fließt	floss	ist geflossen
fressen	frisst	fraß	gefressen
frieren	friert	fror	hat/ist gefroren

G

Infinitiv	Präsens 3. Person Singular	Präteritum 3. Person Singular	Partizip II
geboren werden	wird geboren	wurde geboren	ist geboren worden
geben	gibt	gab	gegeben
gefallen	gefällt	gefiel	gefallen

G

Infinitiv	Präsens 3. Person Singular	Präteritum 3. Person Singular	Partizip II
gehen	geht	ging	ist gegangen
gelingen	gelingt	gelang	ist gelungen
gelten	gilt	galt	gegolten
genießen	genießt	genoss	genossen
geraten	gerät	geriet	geraten
geschehen	geschieht	geschah	ist geschehen
gewinnen	gewinnt	gewann	gewonnen
gießen	gießt	goss	gegossen
gleiten	gleitet	glitt	ist geglitten
graben	gräbt	grub	gegraben
greifen	greift	griff	gegriffen

H

Infinitiv	Präsens 3. Person Singular	Präteritum 3. Person Singular	Partizip II
halten	hält	hielt	gehalten
hängen	hängt	hing	hat/ist gehangen
hauen	haut	haute	gehauen
heben	hebt	hob	gehoben
heißen	heißt	hieß	geheißen
helfen	hilft	half	geholfen

K

Infinitiv	Präsens 3. Person Singular	Präteritum 3. Person Singular	Partizip II
kennen	kenne	kannte	gekannt
klingeln	klingt	klang	geklungen
kommen	kommt	kam	ist gekommen

L

Infinitiv	Präsens 3. Person Singular	Präteritum 3. Person Singular	Partizip II
laden	lädt	lud	geladen
laufen	läuft	lief	ist gelaufen
lassen	lässt	ließ	gelassen
leiden	leidet	litt	gelitten
leihen	leiht	lieh	geliehen
lesen	liest	las	gelesen
liegen	liegt	lag	hat/ist gelegen
lügen	lügt	log	gelogen

M

Infinitiv	Präsens 3. Person Singular	Präteritum 3. Person Singular	Partizip II
mahlen	mahlt	mahlte	gemahlen
meiden	meidet	mied	gemieden
melken	melkt	melkte	gemelkt/gemolken
messen	misst	maß	gemessen
misslingen	misslingt	misslang	ist misslungen
missverstehen	missversteht	missverstand	missverstanden

N

Infinitiv	Präsens 3. Person Singular	Präteritum 3. Person Singular	Partizip II
nehmen	nimmt	nahm	genommen
nennen	nennt	nannte	genannt

P

Infinitiv	Präsens 3. Person Singular	Präteritum 3. Person Singular	Partizip II
pfeifen	pfeift	pfiff	gepfiffen

R

Infinitiv	Präsens 3. Person Singular	Präteritum 3. Person Singular	Partizip II
raten	rät	riet	hat/ist geraten
reiben	reibt	rieb	gerieben
reißen	reißt	riss	gerissen
reiten	reitet	ritt	hat/ist geritten
rennen	rennt	rannte	ist gerannt
riechen	riecht	roch	gerochen
rufen	ruft	rief	gerufen

S

Infinitiv	Präsens 3. Person Singular	Präteritum 3. Person Singular	Partizip II
salzen	salzt	salzte	gesalzt/gesalzen
saufen	säuft	soff	gesoffen
saugen	säugt	saugte[1]/sog	gesaugt/gesogen
schaffen	schafft	schuf/schaffte[2]	geschaffen/geschafft
scheinen	scheint	schien	geschienen
schieben	schiebt	schob	geschoben
schießen	schießt	schoss	geschossen
schlafen	schläft	schlief	geschlafen

S

Infinitiv	Präsens 3. Person Singular	Präteritum 3. Person Singular	Partizip II
schlagen	schlägt	schlug	geschlagen
schleifen	schleift	schliff/schleifte	geschliffen/geschleift
schließen	schließt	schloss	geschlossen
schmeißen	schmeißt	schmiss	geschmissen
schmelzen	schmilzt	schmolz	hat/ist geschmolzen
schneiden	schneidet	schnitt	geschnitten
schreiben	schreibt	schrieb	geschrieben
schreien	schreit	schrie	geschrie(e)n
schweigen	schweigt	schwieg	geschwiegen
schwimmen	schwimmt	schwamm	hat/ist geschwommen
schwören	schwört	schwor	geschworen
sehen	sieht	sah	gesehen
senden	sendet	sandte[3]/sendete	gesandt/gesendet
singen	singt	sang	gesungen
sinken	sinkt	sank	ist gesunken
sitzen	sitzt	saß	hat/ist gesessen
sprechen	spricht	sprach	gesprochen
springen	springt	sprang	ist gesprungen
stechen	sticht	stach	gestochen
stehen	steht	stand	hat/ist gestanden
stehlen	stiehlt	stahl	gestohlen
steigen	steigt	stieg	ist gestiegen
sterben	stirbt	starb	ist gestorben
stoßen	stößt	stieß	gestoßen
streichen	streicht	strich	gestrichen
streiten	streitet	stritt	gestritten

T

Infinitiv	Präsens 3. Person Singular	Präteritum 3. Person Singular	Partizip II
tragen	trägt	trug	getragen
treffen	trifft	traf	getroffen
treiben	treibt	trieb	getrieben
treten	tritt	trat	getreten
trinken	trinkt	trank	getrunken
tun	tut	tat	getan

Ü/U

Infinitiv	Präsens 3. Person Singular	Präteritum 3. Person Singular	Partizip II
überweisen	überweist	überwies	überwiesen
unterhalten	unterhält	unterhielt	unterhalten
unterscheiden	unterscheidet	unterschied	unterschieden
unterschreiben	unterschreibt	unterschrieb	unterschrieben

V

Infinitiv	Präsens 3. Person Singular	Präteritum 3. Person Singular	Partizip II
verbieten	verbietet	verbot	verboten
verbinden	verbinden	verband	verbunden
verbringen	verbringt	verbrachte	verbracht
vergessen	vergisst	vergaß	vergessen
vergleichen	vergleicht	verglich	verglichen
verhalten	verhält	verhielt	verhalten
verlassen	verlässt	verließ	verlassen
verlieren	verliert	verlor	verloren
verraten	verrät	verriet	verraten
verschreiben	verschreibt	verschrieb	verschrieben
verschwinden	verschwindet	verschwand	ist verschwunden
versprechen	verspricht	versprach	versprochen
verstehen	versteht	verstand	verstanden
vertreten	vertritt	vertrat	vertreten
verzeihen	verzeiht	verzieh	verziehen

W

Infinitiv	Präsens 3. Person Singular	Präteritum 3. Person Singular	Partizip II
wachsen	wächst	wuchs	ist gewachsen
waschen	wäscht	wusch	gewaschen
wenden	wendet	wendete/wandte[4]	gewendet/gewandt
werben	wirbt	warb	geworben
werfen	wirft	warf	geworfen
wiegen	wiegt	wog/wiegte[5]	gewogen/gewiegt
winken	winkt	winkte	gewinkt
wissen	weiß	wusste	gewusst

Z

Infinitiv	Präsens 3. Person Singular	Präteritum 3. Person Singular	Partizip II
ziehen	zieht	zog	gezogen
zwingen	zwingt	zwang	gezwungen

[1] **saugte** nur im technischen Sinne
[2] **schuf** = schöpferisch hervorbringen, **schaffte** = vollbringen, arbeiten
[3] **sandte** = verschicken (Post); **sendete** =ausstrahlen (TV etc.)
[4] **wandte** nur reflexiver Gebrauch
[5] **wog** = Gewicht feststellen; **wiegte** = schaukeln

Hilfsverben

haben

	ich	du	er/sie/es	wir	ihr	sie/Sie
Präsens	habe	hast	hat	haben	habt	haben
Präteritum	hatte	hattest	hatte	hatten	hattet	hatten
Perfekt	habe gehabt	hast gehabt	hat gehabt	haben gehabt	habt gehabt	haben gehabt
Imperativ		Hab!			Habt!	Haben Sie!

sein

	ich	du	er/sie/es	wir	ihr	sie/Sie
Präsens	bin	bist	ist	sind	seid	sind
Präteritum	war	warst	war	waren	wart	waren
Perfekt	bin gewesen	bist gewesen	ist gewesen	sind gewesen	seid gewesen	sind gewesen
Imperativ		Sei!			Seid!	Seien Sie!

werden

	ich	du	er/sie/es	wir	ihr	sie/Sie
Präsens	werde	wirst	wird	werden	werdet	werden
Präteritum	wurde	wurdest	wurde	wurden	wurdet	wurden
Perfekt	bin geworden	bist geworden	ist geworden	sind geworden	seid geworden	sind geworden
Imperativ		Werde!			Werdet!	Werden Sie!

Modalverben

dürfen

	ich	du	er/sie/es	wir	ihr	sie/Sie
Präsens	darf	darfst	darf	dürfen	dürft	dürfen
Präteritum	durfte	durftest	durfte	durften	durftet	durften
Perfekt	haben (im Präsens) + gedurft/dürfen					

können

	ich	du	er/sie/es	wir	ihr	sie/Sie
Präsens	kann	kannst	kann	können	könnt	können
Präteritum	konnte	konntest	konnte	konnten	konntet	konnten
Perfekt	haben (im Präsens) + gekonnt/können					

mögen

	ich	du	er/sie/es	wir	ihr	sie/Sie
Präsens	mag	magst	mag	mögen	mögt	mögen
Präteritum	mochte	mochtest	mochte	mochten	mochtet	mochten
Perfekt	haben (im Präsens) + gemocht/mögen					

müssen

	ich	du	er/sie/es	wir	ihr	sie/Sie
Präsens	muss	musst	muss	müssen	müsst	müssen
Präteritum	musste	musstest	musste	mussten	musstet	mussten
Perfekt	haben (im Präsens) + gemusst/müssen					

sollen

	ich	du	er/sie/es	wir	ihr	sie/Sie
Präsens	soll	sollst	soll	sollen	sollt	sollen
Präteritum	sollte	solltest	sollte	sollten	solltet	sollten
Perfekt	haben (im Präsens) + gesollt					

wollen

	ich	du	er/sie/es	wir	ihr	sie/Sie
Präsens	will	willst	will	wollen	wollt	wollen
Präteritum	wollte	wolltest	wollte	wollten	wolltet	wollten
Perfekt	haben (im Präsens) + gewollt					

12 Die Konjunktionen

Was sind Konjunktionen?

Was kann ich mit ihnen **machen**?

Welche **Arten** von Konjunktionen gibt es?

Konjunktionen, auch Bindewörter genannt, verbinden Wörter, Wortgruppen oder Sätze miteinander.

Man kann sie in zwei Gruppen einteilen:

nebenordnende Konjunktionen

... verbinden gleichrangige Wörter, Wortgruppen oder Hauptsätze, wie:

und

oder

aber

denn

...

unterordnende Konjunktionen
leiten Nebensätze ein. So z. B.:
wenn
weil
dass
obwohl
...

Nebenordnende Konjunktionen

... werden nach ihrer Bedeutung in folgende Gruppen eingeteilt:

Ich studiere Pharmazie **und** arbeite nebenbei.*

Reihung

und
sowie
sowohl ... wie
sowohl ... als auch
weder ... noch

Werde ich den Apfel **oder** den Kuchen essen?

Alternative

oder
entweder ... oder
beziehungsweise

* Beachten Sie: Ist das Subjekt (hier: ich) im ersten und zweiten Satz gleich, kann man es im zweiten Satz weglassen.

Ich liebe meine Kinder zwar sehr,
aber ich bin auch gern allein.

Gegensatz

aber
jedoch
sondern
nicht nur ..., sondern auch

Ich habe Kopfschmerzen,
denn ich habe zu viel gelernt.

Begründung

denn

Besonderheiten

Werden zwei Hauptsätze miteinander verbunden, verändert sich die Stellung der Wörter in beiden Sätzen nicht.

Hauptsatz 1	K	Hauptsatz 2

Das Verb bleibt in beiden Sätzen in der 2. Position.

Ich **gehe** ins Museum,	denn	ich **liebe** Kunst.

Es gibt Adverbien, die als Konjunktionen einen Hauptsatz einleiten können (> Kapitel 9), wie: **deswegen**, **darum**, **außerdem**, **trotzdem**, **also** …

Wenn diese Adverbien am Satzanfang (in Position 0) stehen, verändert sich die Reihenfolge von Subjekt und Verb!

K	Ich **bin** müde,	aber	ich **muss** arbeiten.
A	Ich **bin** müde,	trotzdem	**muss** ich arbeiten.

Unterordnende Konjunktionen

... werden nach ihrer Bedeutung in folgende Gruppen eingeteilt:

Zeitbegriff

als, bevor, bis, nachdem, seitdem, sobald, solange, während

Liebes Tagebuch,

als ich ein Kind war, wohnte ich auf dem Land.

Ich las stundenlang, bis meine Eltern heimkamen.

Sobald der Frühling kam, spielte ich den ganzen Tag im Garten, solange es Licht gab.

Seitdem wir in die Stadt gezogen sind, langweile ich mich tödlich.

Aber heute, während ich die Hausaufgaben machte, klingelte das Telefon. Es war meine Oma.

Nachdem ich mit ihr gesprochen hatte, fühlte ich mich besser.

Bevor ich meine Meinung ändere, gehe ich auf die Suche nach neuen Freunden!

Sie hat gut trainiert, **damit** sie gewinnt.

Zweck / Ziel

damit
dass
(‚dass' kann auch eine Aussage einleiten)

Da es schon spät ist, bin ich sehr müde.

Begründung

da
weil

Ich helfe dir, **wenn** ich Zeit habe.

Bedingung

falls
wenn

Wir gehen in den Park, **obwohl** es regnet.

Einräumung

obwohl
obgleich

Ich bin so aufgeregt, **dass** ich nicht schlafen kann.

Folge

so ... dass
sodass

Sie ist sehr zufrieden, **während** er ein bisschen skeptisch ist.

Gegensatz

während
wohingegen

Art und Weise

indem
ohne dass

Du bist ausgegangen, **ohne dass** ich es bemerkt habe ...

Vergleich

als, als ... ob,
wie

Es ist nicht **wie** du denkst!

Bei einem Vegleich können **als** oder **wie** auch ohne Verb stehen:

Ich bin nicht so dumm **wie** du!

Besonderheiten

Durch eine unterordnende Konjunktion wird ein Nebensatz eingeleitet. Vor der Konjunktion steht ein Komma.

Hauptsatz , **K** **Nebensatz**

Die Stellung der Satzglieder bei unterordnenden Konjunktionen:

Ich **bleibe** zu Hause, **weil** ich krank **bin.**

Das Verb steht auf Position 2.

Das Verb steht am Satzende.

13 Die Modalpartikeln

Was sind Modalpartikeln?

Wofür **benötige** ich sie?

Die Modalpartikeln werden vor allem in der **gesprochenen Sprache** benutzt, um **Emotionen** oder **Haltungen** des Sprechers auszudrücken.

aber	Überraschung	Deine Wohnung ist **aber** schön!
ja	Überraschung	Du bist **ja** schon da!
bloß	Verstärkung einer Emotion	Was soll ich **bloß** machen?
etwas	In Fragen: Erstaunen über eine Tatsache	Ist er **etwa** krank?

denn	freundliches Interesse	Wo wohnst du **denn**?
mal	höfliche Bitte	Könntest du **mal** die Tür schließen?

Die Modalpartikeln stehen **nie in Position 1** des Satzes, sondern meistens in der Satzmitte.

Partikel	Funktion	Beispiel
wohl	Vermutung	Du hast **wohl** keine Zeit?
eigentlich	Verstärkung einer Emotion	Ich habe **eigentlich** keine Lust.
eben **halt**	etwas ist nicht zu ändern	So ist das **eben**.

Partikel	Funktion	Beispiel
doch	Unmut, Empörung	Das ist **doch** zu blöd!
	Bekräftigung	Das habe ich mir **doch** gedacht.
	Verstärkung einer Aufforderung	Komm **doch** mal her!

14 Die Satzglieder

Was sind Satzglieder?

Worauf muss ich bei den einzelnen Satzgliedern achten?

Dies ist ein **Satz**.

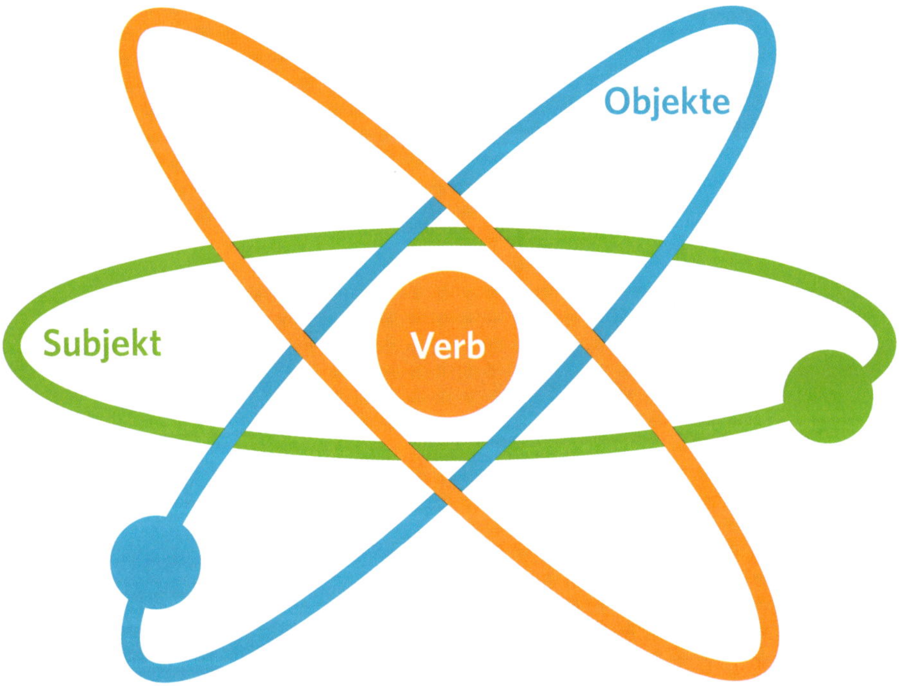

Das **Verb** bildet das Zentrum des Satzes.
Um mit einem Verb einen Satz bilden zu können,
benötigt man fast immer mindestens eine Ergänzung.

Die wichtigste Ergänzung ist das **Subjekt**.

Manche Verben brauchen mehrere Ergänzungen,
die in verschiedenen Kasus stehen können.
Sie werden **Objekte** genannt.

Das Subjekt im Satz

Das Subjekt ist die **Nominativ**ergänzung des Verbs.

Es antwortet auf die **Frage**:

Wer? (Personen) oder **Was?** (Dinge, Abstrakta)

Die Köchin weint. **Die Zwiebel** macht traurig.

Das Subjekt kann ein **Substantiv** oder ein **Pronomen** sein.

Es steht meist am **Satzanfang**, kann aber auch in der **Satzmitte** stehen.

Satzanfang	Position 2	Satzmitte	Satzende
Ich	habe		gegessen.
Gestern	habe	**ich**	gekocht.

Das Verb im Satz

Das Verb gibt im Satz folgende Informationen:
Was **macht** eine Person? / Was **geschieht**?

Das Verb kann aus einem oder mehreren Teilen bestehen.
Das hängt von der Art des Verbs und von Tempus und Modus ab.

Im Aussagesatz steht das Verb auf Position 2 (der andere Verbteil am Satzende).
Im Nebensatz steht es am Satzende.

Einige Verben bilden im Satz eine Satzklammer:

Modalverben	Er	**will**	mich	**heiraten.**
trennbare Verben	Sie	**bereiten**	die Reise	**vor.**
zusammengesetzte Zeiten	Wir	**haben**	das Buch	**gelesen.**
Konjunktiv II	Ich	**würde**	ans Meer	**fahren.**
Passivformen	Sie	**wird**	vom Vater	**abgeholt.**
mehrteilige Verben	Wir	**gehen**	heute	**spazieren.**

Die Objekte im Satz

Es gibt folgende Objekte:

Akkusativobjekt (direktes Objekt)	**Dativobjekt** (indirektes Objekt)

Das Akkusativ- oder Dativobjekt steht meist in der **Satzmitte**, kann aber auch am **Satzanfang** stehen.

1. Wenn es in einem Satz ein Akkusativ- **und** ein Dativobjekt gibt, steht das Dativ- **vor** dem Akkusativobjekt.
2. Wenn sowohl das Akkusativ- als auch Dativobjekt Pronomen sind, steht das Akkusativ- vor dem Dativobjekt.
3. Ist das Akkusativobjekt ein Pronomen und das Dativobjekt ein Substantiv oder umgekehrt, gilt die Regel **„kurz vor lang"**:

1. Ich habe	meiner Mutti	einen Brief	geschickt.
2. Ich habe	ihn	ihr	geschickt.
3. Ich habe	ihn	meiner Mutti	geschickt.
4. Ich habe	ihr	einen Brief	geschickt.

Präpositional-objekt

Manche Verben treten fast immer mit einer Präposition auf. Die Präposition bestimmt den Kasus (Akkusativ oder Dativ). Präpositionalobjekte stehen meistens am Ende der Satzmitte.

Satzanfang	Verb	Satzmitte		Satzende
Ich	habe	jeden Abend	an dich	gedacht.
Sie	hat	Lust	auf Schokolade.	

Wenn es mehrere Angaben im Satz gibt, gilt für die Reihenfolge die berühmte Regel TEKAMOLO.

temporal	kausal	modal	lokal

Ich fahre **heute** **wegen des Schnees** **mit dem Schlitten** **nach München**.

15 Die Satzarten

Welche Arten von Sätzen gibt es im Deutschen?

Wann verwende ich welche Satzart?

Was muss ich bei ihrer **Bildung** beachten?

Hauptsätze

In Hauptsätzen steht das Verb auf Position 2 oder am Anfang des Satzes.

Nebensätze

Nebensätze haben einen anderen Satzaufbau als Hauptsätze. Das konjugierte **Verb** steht **am Satzende**.

Hauptsätze

Aussagesätze

Mit einem Aussagesatz kann man etwas …

berichten

feststellen

Positionen im Aussagesatz:

Satzanfang	Position 2	Satzmitte	Satzende
Subjekt	Verb	Adverbien	Verbteil
Zeitangabe	2	Objekte	4
Ortsangabe		Subjekt*	
1		3	

* Hier steht das Subjekt, wenn es nicht am Satzanfang steht.

Da an **erster Position** nur **ein** Element stehen kann, findet man in der **Satzmitte** alle anderen Elemente.

Für die **Reihenfolge** dieser Elemente gilt meist die Regel **kurz vor lang**.

Verneinte Sätze

nicht

... steht meist am **Satzende**, wenn der ganze Satz verneint wird.

Ich komme heute **nicht**.

... steht **vor** dem Wort oder der Wortgruppe, welche verneint wird.

Ich komme **nicht** heute, sondern morgen.

Aber **beachten** Sie:

Ich	stehe	nicht	**auf**. (2-teiliges Verb)
Wir	waren	nicht	**da**. (sein + Adverb)
Sie	ist	nicht	**alt**. (sein + Adjektiv)
Er	geht	nicht	**ins** Bett. (Lokaladverbial)

Auch bei den zusammengesetzten Zeiten steht **nicht** vor dem zweiten Teil des Verbs.

Heute haben wir **nicht** getrunken.

Fragesätze

Man unterscheidet zwischen:

W-Fragen und **ja/nein-Fragen**

Die W-Fragen (Ergänzungsfragen) beginnen mit einem Fragewort, das Verb steht auf Position 2:

Fragewort	Verb	Subjekt	... ?

Bei ja/nein-Fragen (Entscheidungsfragen) steht das konjugierte Verb am Satzanfang, danach folgt das Subjekt:

Verb	Subjekt	…	**?**

Auf diese Fragen antwortet man mit **ja** oder **nein**.

Kommst du mit?

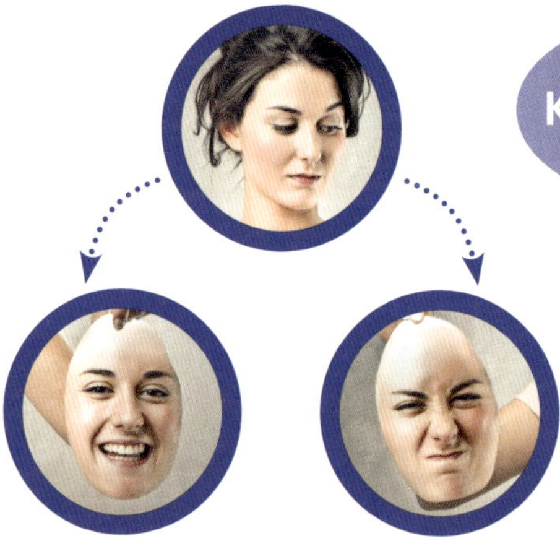

Ja!
(ich komme mit)

Nein.
(ich komme nicht mit)

Wenn es aber eine Negation in der Frage gibt, antworten Sie so:

Kommst du nicht mit?

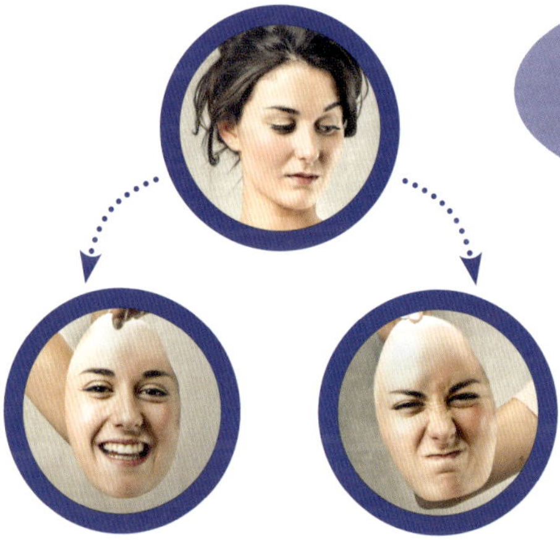

Doch!
(ich komme mit)

Ja.
(ich komme nicht mit)

Imperativsätze

Imperativsätze sind Sätze, die bitten, warnen, befehlen oder etwas verbieten. (> Kapitel 10, S. 251).

Satzstellung:
Das Verb steht im Imperativ am Satzanfang.

Verb	...	!

Die Höflichkeitsform benötigt die Nominativergänzung **Sie**, die nach dem Verb steht.

Verb	Sie	...	!

Nebensätze

Konjunktionale Nebensätze

Die Nebensätze haben einen anderen Satzaufbau als die Hauptsätze. Sie können nicht allein stehen.

Durch eine unterordnende Konjunktion, auch Subjunktion genannt, werden sie mit einem Hauptsatz verbunden.

Zwischen Haupt- und Nebensatz steht ein Komma.

Die Positionen im Nebensatz

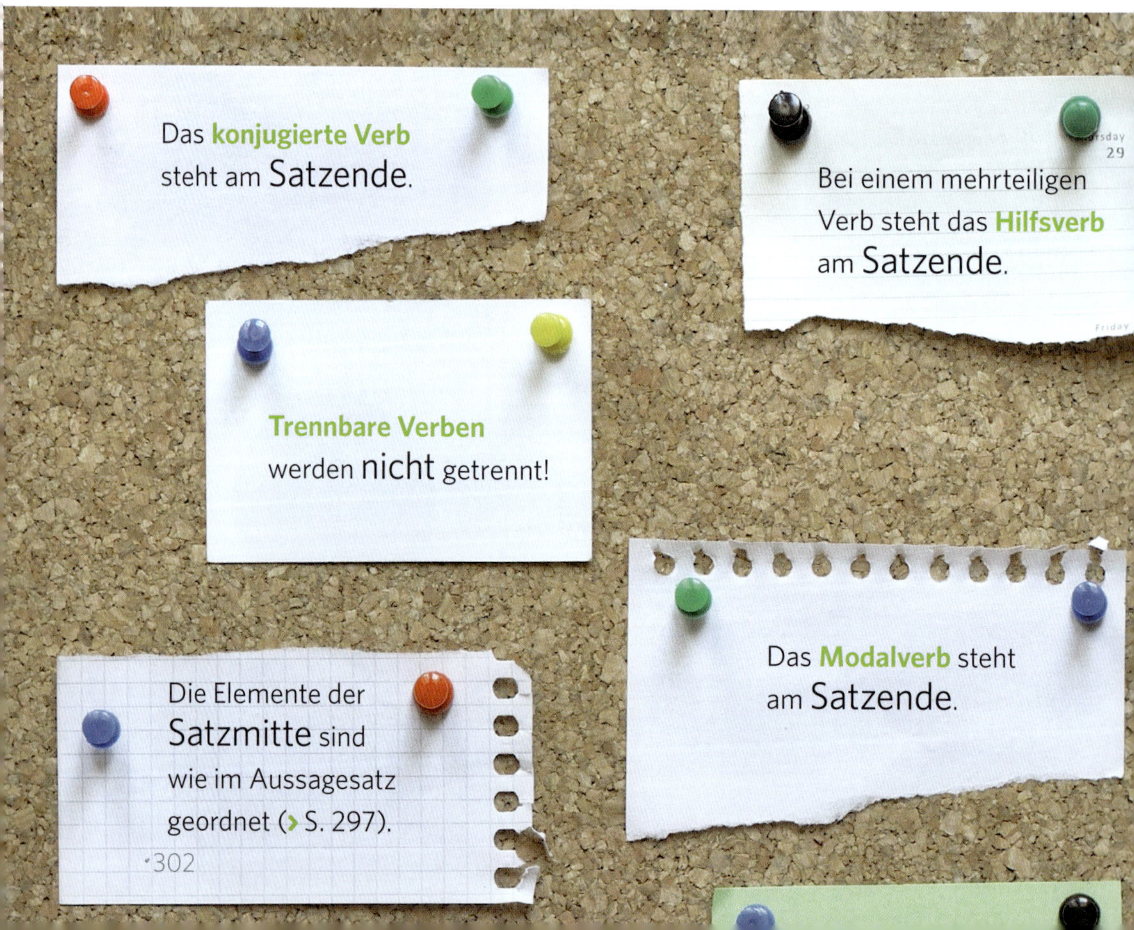

Kausale Nebensätze

Sie geben einen Grund an, der sich auf eine Information im Hauptsatz bezieht.

Ich bleibe im Bett, **weil** ich krank bin.

Wir sind umgezogen, **damit** die Kinder mehr Platz haben.

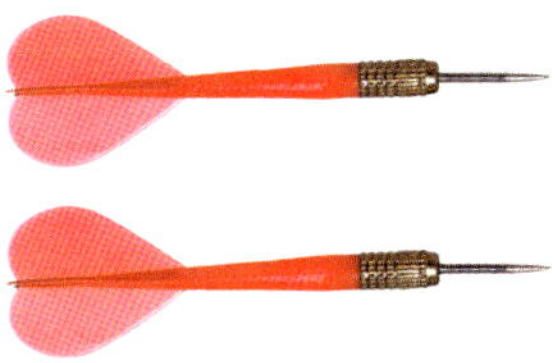

Wir sind umgezogen, **um** mehr Platz **zu** haben.

Finale Nebensätze

Sie geben einen Zweck, ein Ziel oder eine Absicht an.

Wenn das Subjekt in Haupt- und Nebensatz identisch ist, verwendet man oft **um ... zu** + Infinitiv.

Der Infinitiv steht am Satzende.

Er ist **so** nett, **dass** alle ihn mögen.

Konsekutive Nebensätze

Sie drücken die Folge einer Handlung aus.

Ich habe mich verlaufen, **obwohl** ich die Stadt kenne.

Konzessive Nebensätze

Die Aussage des Nebensatzes steht im Widerspruch zum Hauptsatz.

Temporale Nebensätze

In temporalen Nebensätzen werden **Zeitverhältnisse** ausgedrückt.

Nebensatz (NS)	**H**auptsatz (HS)	

> Mehrere Handlungen geschehen zur **selben Zeit**.

Nebensatz (NS)	Hauptsatz (HS)
Während ich frühstücke,	spielt das Radio.
Wenn der Wecker klingelt,	muss ich aufstehen.

> Der **Zeitpunkt** liegt in der Gegenwart oder Zukunft.

Nebensatz (NS)	Hauptsatz (HS)
Als wir losgingen,	schliefst du noch.

> Der **Zeitpunkt** liegt in der Vergangenheit.

Hauptsatz (HS)	**N**ebensatz (NS)

> Die Handlung des Nebensatzes liegt zeitlich **nach** der Handlung des Hauptsatzes.

Hauptsatz (HS)	Nebensatz (NS)
Wir müssen noch einiges erledigen,	**bevor** wir losfahren.
Ich warte,	**bis** du fertig bist.

> Das **Tempus** in Hauptsatz und Nebensatz ist meistens **gleich**.

Nebensatz (NS)	Hauptsatz (HS)	
		Das Geschehen des NS ist abgeschlossen und geht dem HS zeitlich voraus. Das **Tempus** im NS liegt vor dem Tempus im HS.
Nachdem ich gefrühstückt habe,	fahre ich zur Arbeit.	Perfekt (NS) + Präsens (HS)
Nachdem ich gefrühstückt hatte,	fuhr ich zur Arbeit.	Plusquamperfekt (NS) + Präteritum/Perfekt (HS)
Seitdem ich nicht mehr rauche,	geht es mir besser.	Das Geschehen hat in der Vergangenheit begonnen und geht bis in die Gegenwart.

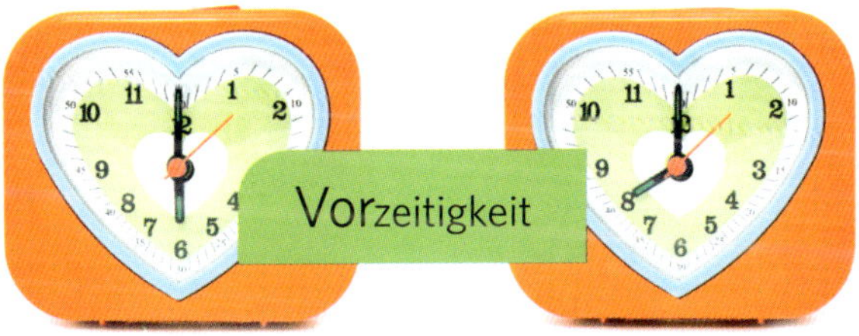

Komparative Nebensätze

Sie drücken einen Vergleich aus.

Sie sieht aus, **als ob** sie eine Entdeckung gemacht hätte.

Sie ist nicht **so** pessimistisch, **wie** ich dachte.

Konditionale Nebensätze

Sie drücken eine Bedingung aus.
Im Hauptsatz steht die Konsequenz.

Wenn du kommst,
bring bitte eine
Flasche Wein mit.

Indirekte Nebensätze

Sie drücken Zweifel oder Nichtwissen aus und beziehen sich auf ja/nein-Fragen.

Ich weiß nicht,
ob ich ihn liebe.

Die Positionen der Elemente der konjunktionalen Nebensätze

Der Nebensatz steht in der Regel nach dem Hauptsatz.

Hauptsatz  K **Nebensatz**

Aber bei einigen Konjunktionen
(**da**, **während**, **wenn**, **nachdem**, **seitdem**, **obwohl**)
kann der Nebensatz vor dem Hauptsatz stehen.

K **Nebensatz**  **Hauptsatz**

Infinitivsätze als Ergänzung

In bestimmten Fällen können Infinitivsätze einen Hauptsatz **ergänzen**.

Sie sind also Nebensätze mit **zu** + Infinitiv (> Kapitel 10, S. 213).

es ist	wichtig, gut, notwendig, verboten, …	**zu** Infinitiv
haben*	keine Zeit, keine Lust, die Möglichkeit, Schwierigkeiten, …	**zu** Infinitiv

*Wenn das Subjekt im Hauptsatz und Infinitivsatz identisch ist.

Es ist so schön, Sie wieder**zu**sehen!

Beachten Sie:

Der Infinitiv steht am Ende des Nebensatzes.

Zu steht direkt vor dem Verbstamm oder vor dem untrennbaren Verb.

Relativsätze

Diese Nebensätze werden durch ein **Relativpronomen** eingeleitet (› Kapitel 6, S. 107).

Sie beziehen sich auf das **Subjekt**, ein **Objekt** oder auf eine **adverbiale Angabe** im Hauptsatz.

Hauptsatz	Relativpronomen	Satzmitte	Satzende
Kennst du die Frau,	die	dort	steht?
Das ist Klaus,	mit dem	ich im Urlaub	war.

Vor dem Relativpronomen kann eine **Präposition** stehen, wenn das Verb des Relativsatzes es erfordert.

Relativsätze werden oft in einen Hauptsatz **eingeschoben**:

Hauptsatz ,	Relativsatz ,	Hauptsatz
Die Frau,	die dort steht,	kennt dich.

Nebensätze mit Fragewort

Fragen mit den Fragewörtern **wo**, **wann**, **warum**, **wie** usw. kann man auch durch einen Nebensatz ausdrücken.

Der Satzbau unterscheidet sich von dem normaler Fragesätze, da das Verb am Satzende steht.

Wann | hat | er Zeit ?

Ich weiß nicht, | wann | er Zeit | hat .

Im Hauptsatz stehen Verben wie:

fragen **wissen** **sagen**

16 Das Deutsch in Österreich und der Schweiz

Welche **Unterschiede** in der deutschen Sprache gibt es in Deutschland, Österreich und der Schweiz?

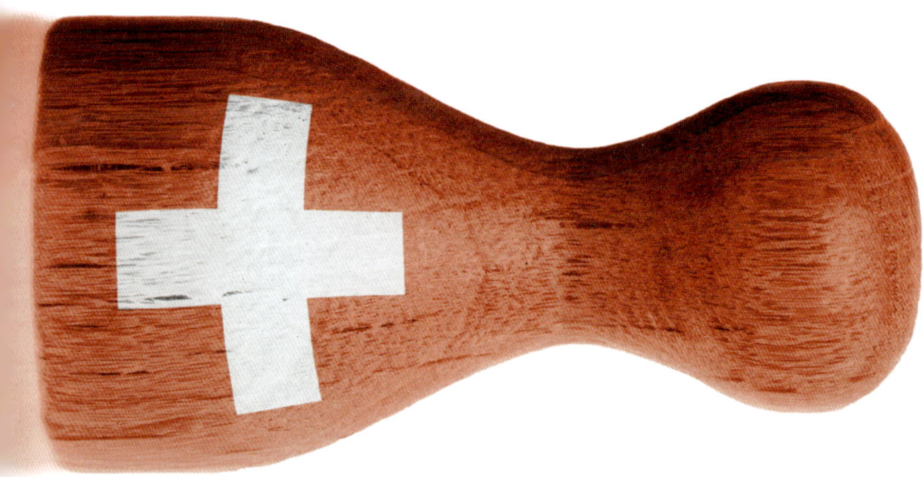

Das Deutsch, das in Deutschland, in **Österreich** und der **Schweiz** gesprochen wird, ist keineswegs einheitlich.

Es gibt Unterschiede beim Gebrauch der Präpositionen:	Ich fahre in der Nacht **auf** Sonntag.	Ich fahre in der Nacht **zu** Sonntag.
Vor Eigennamen steht der bestimmte Artikel:	**Die** Marianne kommt heute später	Marianne kommt heute später.
Es gibt Unterschiede im Genus:	**die** Sellerie, **der** Kilo, **der** Polster	**der** Sellerie, **das** Kilo, **das** Polster
Es gibt Unterschiede in der Pluralbildung (häufig Umlaute):	die B**ö**gen, die M**ä**gen, die W**ä**gen	die B**o**gen, die M**a**gen, die W**a**gen
Es gibt besondere Suffixe (Umgangssprache):	ein Tax**ler**, ein Sechs**er**, ein Ausbild**ner**	ein Taxifahrer, eine Sechs, ein Ausbilder
... und Diminutivsuffixe (Umgangssprache):	ein Sack**erl**, ein Würst**el**	ein Säck**chen**, ein Würst**chen**

Es gibt große Unterschiede in den Bereichen Aussprache, Wortschatz und Grammatik.

Adverbien haben am Ende ein -s:	weiter**s**, öfter**s**	weiter, öfter
Häufige Umlautbildung:	eisenh**ä**ltig, dreif**ä**rbig	eisenh**a**ltig, dreif**a**rbig
Häufiger Gebrauch der Fugen -s- und -es-:	Aufnahm**s**prüfung, Rind**s**braten	Aufnahm**e**prüfung, Rind**er**braten
Fehlende Fugen bei Namen, die von Verben abgeleitet sind:	Ausrufzeichen, Visitkarte	Ausruf**e**zeichen, Visit**en**karte
Verwendung anderer Grundwörter bei Komposita:	**Dienst**geber/nehmer	**Arbeit**geber/nehmer
Das Perfekt von hängen, liegen, reiten, schwimmen, sitzen und stehen wird mit sein gebildet:		Ich **bin** im Kino gesessen.

Das Schweizerdeutsch ist so vielseitig, dass nur schwer einheitliche Formen angegeben werden können.

Die Besonderheiten betreffen die Umgangssprache.

Es gibt Unterschiede beim Gebrauch der Präpositionen:	Ich gratuliere **für** deinen Geburtstag.	Ich gratuliere **zu** deinem Geburtstag.
Manche Verben stehen mit anderen Kasus:	Sport nützt **die** Gesundheit.	Sport nützt **der** Gesundheit.
Vor Eigennamen steht der bestimmte Artikel:	**Die** Marianne kommt heute später.	Marianne kommt heute später.
Es gibt Unterschiede im Genus:	**der** Butter, **der** Socken, **das** Kaffee	**die** Butter, **die** Socke, **der** Kaffee
Es gibt ein besonderes Diminutivsuffix:	Päck**li**, Stück**li**	Päck**chen**, Stück**chen**
Es gibt eine weitere Negativkonstruktion:	Heute ist **kein/nicht** schönes Wetter.	

		Schweiz	Deutschland
Abweichung bei Verben:	>	parkieren	parken
Abweichung bei Adjektiven und Adverbien:	>	lärmig, weiters, schlussendlich	lärmend, weiter, schließlich
Anderer Gebrauch der Fugen -e- und -s-:	>	Badanzug	Bad**e**anzug
Verwendung anderer Grund- und Bestimmungswörter bei Komposita:	>	Kartoffel**stock**, **Glätt**eisen, **Nas**tuch	Kartoffel**brei**, **Bügel**eisen, **Taschen**tuch

Wenn Sie in der Schweiz essen möchten, dann sollten Sie sich folgende Begriffe merken:

Zmorge (Morgen)	>	Frühstück
Zvieri (vier Uhr)	>	Imbiss am Nachmittag
Znüni (neun Uhr)	>	Imbiss am Vormittag
Znacht (Nacht)	>	Abendbrot
Zmittag (Mittag)	>	Mittagessen

STICHWORTREGISTER

STICHWORTREGISTER

BILDNACHWEIS

KAPITEL 1 S. 3: Türe (fotolia/ DiMmEr), S. 4 + 5: Türe mit Ausblick (fotolia/ peshkova), S. 6 (michaklootwijk - Fotolia.com), S. 7 (fotolia/ niyazz), S. 8 + 9 (shutterstock/ luminaimages),S. 10 (fotolia/ Carsten Reisinger), S. 11 (fotolia/ Deyan Georgiev), S. 13: Bleistift (© picsfive - Fotolia.com), Lippen (thinkstock (moodboard), Mädchen steht vor Tafel fotolia/fotogestoeber), **KAPITEL 2** S. 14 + 15 (shutterstock (Leremy), S. 17 (thinkstock/ AdrianHillman), S. 18 (fotolia/ sam2211), S. 19 (fotolia/ storm), S. 20 (thinkstock/ Studio-Annika), S. 21 (thinkstock/ Comstock), S. 22 (© Elnur - Fotolia.com), S. 23 (© Oksana Kuzmina - Fotolia.com), S. 24: Baby (thinkstock/ FamVeld), Junge (thinkstock/ 3sbworld), S. 25: Brandenburger Tor (thinkstock/ Manuel-F-O), Schild (thinkstock/ totalpics), S. 26: Mädchen hält Geschenk (thinkstock/ Erik Snyder), Hühner (thinkstock/ taviphoto), rothaarige Frau (© milanmarkovic78 - Fotolia.com), Hand (thinkstock/ neloasa), Angst vor Spinne (© pegbes - Fotolia.com), leere Hosentaschen S. 27, Lamm (shutterstock/ Inna Astakhova), Stadtschild (shutterstock/ one AND only), Hund (shutterstock/ Michael Pettigrew), Katze thinkstock/ Dmitry thinkstock/ Oshchepkov), Kind erschrickt Mann (thinkstock/ tracy lorna), Mann liegt auf Sofa (thinkstock/ Ljupco), **KAPITEL 3** S. 28 + 29 (shutterstock/ Gemenacom), S. 31, (thinkstock (GlobalP), S. 32 (© Sasajo - Fotolia.com), S. 33: Serviette blau (thinkstock/ 501452), Serviette lila (thinkstock/ Hemera Technologies), Vektor Trolley (© Atlantis - Fotolia.com), S. 34: (© boule1301 - Fotolia.com), S. 35: (© Barbara Pheby - Fotolia.com), S. 36: (thinkstock/ toddy1979), S. 37: (© Gina Sanders - Fotolia.com), S. 38: (© beeboys - Fotolia.com), S. 39: (thinkstock/ CursedSenses), S. 40: Flasche (thinkstock/ anna1311), Mann auf Kloschüssel (© Ljupco Smokovski - Fotolia.com), S. 41: Baby in Hand (thinkstock/ Dieter Meyrl), Frau mit drei Babys (thinkstock/ Dmitriy Melnikov), S. 42: Autoschlange (thisnkstock/ Stockbyte), Frau packt Koffer (IvonneW), S. 43 (© scusi - Fotolia.com), S. 44 (© Antonio Gravante - Fotolia.com), S. 45: (thinkstock/ gornostaj), S. 46 + 47: (© Willee Cole - Fotolia.com), S. 48: Männerbein (©) WavebreakMediaMicro - Fotolia.com), S. 48: Bein mit gestreiften Strümpfen in Turnschuh (© sebra - Fotolia.com), S. 48: Frauenfüße in Schuhen (© jonnysek - Fotolia.com), S. 49: (thinkstock/ GlobalP), S. 50: Spielfigur Italien (© michaklootwijk - Fotolia.com), S. 50: Spielfigur Griechenland (© michaklootwijk - Fotolia.com), S. 50: Spielfigur Deutschland (© michaklootwijk - Fotolia.com), S. 51: (© Eric Isselée - Fotolia.com), **KAPITEL 4** S. 52: (thinkstock (Ron Chapple Studios), S. 53: (thinkstock (GlobalP), S. 54: Rahmen mit lächelndem Mund (thinkstock/ pojoslaw), S. 54: Rahmen mit Mund der Zunge herausstreckt (thinkstock/ pojoslaw), S. 56: (shutterstock/ Javier Brosch), S. 57: (thinkstock (pressureUA), S. 58: Apfel-Orange (© dreamer82 - Fotolia.com), S. 58: Baby mit Glockenspiel (© Marco Govel - Fotolia.com), S. 59: (© Contrail - Fotolia.com), S. 60: (© AK-DigiArt - Fotolia.com), S. 61: (© ipag - Fotolia.com), S. 63: (thinkstock (McInninch), S. 65: (© aleksandr - Fotolia.com), S. 66: (thinkstock/ Ljupco), S. 68: Figuren thinkstock (Fuse), S. 68: zerstörte Torte (thinkstock (Jeffrey Hamilton), S. 69: Gepard (© cynoclub - Fotolia.com), S. 69: Hase (© Anatolii - Fotolia.com), S. 69: Schildkröte (thinkstock (HowardKlaaste), S. 70: (thinkstock (Ljupco), S. 72: (© VRD - Fotolia.com), S. 73: Finger (© peshkova - Fotolia.com), S. 73: Megaphon (© Mopic - Fotolia.com), S. 74: (© warlord76 - Fotolia.com), S. 75: (thinkstock/ drkskmn), **KAPITEL 5** S. 76 + 77: (fotolia/ Thomas), S. 78: Bingo (© enzodebernardo - Fotolia.com), S. 78: Taschenrechner (thinkstock (DimaSobko), S. 78: Äpfel (© Michael Schindler - Fotolia.com), S. 79: Tartanbahn (thinkstock (Joel Blit), S. 80: Hausnummern (shutterstock/ defotoberg), S. 81: Nadel piekt in Luftballon (© cherezoff - Fotolia.com), S. 82: Stadtschild (© Marco2811 - Fotolia.com), S. 82: Uhr (© fotomek - Fotolia.com), S. 83: Uhren (Minutenanzeige) (© markus_marb - Fotolia.com), S. 84: Bleistift (© picsfive - Fotolia.com), S. 84: Lippen (thinkstock (moodboard), S. 85: (© Oksana Kuzmina - Fotolia.com), S. 86: Brot (thinkstock/ thodonal), S. 86: Hühner (thinkstock/ Evgeniy1), S. 87: Container (thinkstock/ kostsov), S. 87: Maßband (thinkstock/ firina), S. 88: Thermometer (thinkstock/ EuToch), S. 88: Geld und Schweinchen (thinkstock/ RomoloTavani), S. 88: Tüten (© monticellllo - Fotolia.com), S. 89: (thinkstock/ Dorottya_ Mathe), S. 90: Athleten im Sprint (thinkstock (Photodisc/ Digital Vision), S. 90: Zerknülltes Papier mit Punkt (thinkstock / Junje Lin), S. 91: (© BlueSkyImages - Fotolia.com), S. 92: Kalender (© Stauke - Fotolia.com), S. 92: Frau (© industrieblick - Fotolia.com), S. 93: Umschlag (© Andrey Kuzmin - Fotolia.com), S. 93: Urlaub (© DOC RABE Media - Fotolia.com), **KAPITEL 6** S. 94+95: (© LoloStock - Fotolia.com), S. 99: Mann mit Tablet (© Jeanette Dietl - Fotolia.com), S. 99: Mädchen vor Tablet (© asierromero - Fotolia.com), S. 99: Junge vor Laptop (© velazquez - Fotolia.com), S. 99: junge Frau verteilt Küsschen (thinkstock/ VladimirFLoyd), S. 100: (thinkstock/ Casanowe), S. 101: (© kantver - Fotolia.com), S. 102: Wetterkarte (© DURIS Guillaume - Fotolia.com), S. 102: älterer Herr hört schlecht (© damato - Fotolia.com), S. 102: junger Mann mit Eisbeutel (© MarcoBagnoli Elflaco - Fotolia.com), S. 102: Frau rennt mit Uhr (thinkstock (Maridav), S. 103: Mann rennt mit Kinderwagen (© Ursula Deja - Fotolia.com), S. 103: Kind hinter Fenster (thinkstock (Peter Hansen), S. 104: (thinkstock (Sergiy Bykhunenko), S. 105: (© Dmitriy Raykin - Fotolia.com), S. 106: (© beeandbee - Fotolia.com), S. 107: (© apops - Fotolia.com), S. 108: (thinkstock/Fernando Gregory Milan), S. 109: (© Edler von Rabenstein - Fotolia.com), S. 110: (thinkstock (BananaStock), S. 111: (fotolia / Willee Cole), S. 112: (Olga Sapegina), S. 113: Fahrrad in See (thinkstock/ Knud Nielsen), Fahrradreifen (thinkstock/ neko92vl), S. 115: (© specnaz7 - Fotolia.com), S. 116: Frauen suchen Ring aus (© .shock - Fotolia.com), Frau isst Kuchen (thinkstock/ CandyBoxImages), S. 117: Junge isst Muffins (thinkstock (Jupiterimages), S. 117: Junge streckt sich nach Keksglas (thinkstock (Jupiterimages), S. 118: (thinkstock (Jupiterimages), S. 119: (© Luis Louro - Fotolia.com), S. 120: (thinkstock/ pumpa pictures), S. 121: (© olly - Fotolia.com), S. 122: Schuhe auf Fußmatte (thinkstock (Fuse), S. 122: Babyschuhe an Männerfüßen (© Klaus Eppele - Fotolia.com), S. 123: (© alphaspirit - Fotolia.com), S. 124: Mädchen schreit (shutterstock/ Pete Pahham), S. 124: Hund bellt in Telefon (© annette shaff - Fotolia.com), S. 125: Füße mit Turnschuh und Highheel (© Szabolcs Szekeres- Fotolia.com), S. 125: Auto aus Pflanzen (© by-studio - Fotolia.com), S. 126: Mädchen isst Kuchen (shutterstock/ Mircea BEZERGHEANU), S. 126: grüner Daumen (© AntonioBattista Am2 - Fotolia.com), S. 127: (© oguzdkn - Fotolia.com), S. 128: Fotos Menschen und Lupe (fotolia/ olly), S. 128: Baum in Jahreszeiten (thinkstock (Coldimages), S. 129: Mann schiebt Steine (© alphaspirit - Fotolia.com), S. 129: Brautpuppen (thinkstock (Eduardo Jose Bernardino), S. 130: Obst und Gemüse (© Malyshchyts Viktar - Fotolia.com), S. 130: Goldfisch auf Teller (thinkstock (Photick/Ale Ventura), S. 131: (thinkstock (Nelosa), S. 132: (thinkstock/ Mike Kiev), S. 133: (thinkstock, Andrew Doran), **KAPITEL 7** S. 134 + 135: (© athomass - Fotolia.com), S. 136 + 137: (© rashadashurov - Fotolia.com), S. 138: (© iagodina - Fotolia.com), S. 139: (thinkstock/ Coldimages), S. 140: (thinkstock/ Vasily Pindyurin), S. 141: Augenbrauenzupfen (© Adam Gregor - Fotolia.com), S. 141: Mann zeigt auf sich (© pathdoc - Fotolia.com), S. 141: Mann schlägt durch Laptop (© alphaspirit - Fotolia.com), S. 142: (thinkstock/ Anatoliy Babiy), S. 143: (thinkstock/ lightstock), S. 144: (© Ruth Black - Fotolia.com), S. 145: (thinkstock/ Ingram Publishing), S. 147: Kopf im Sand (© MAK - Fotolia.com), S. 147: Schlüsselloch mit Auge (© Orlando Florin Rosu - Fotolia.com), S. 148: (thinkstock/ taviphoto), S. 149: (© inigocia - Fotolia.com), S. 150 + 151: (© Syda Productions - Fotolia.com), **KAPITEL 8** S. 152 + 153: (fotolia/ niyazz), S. 154: Icons 1 (fotolia/ nalinratphi), S. 154: Icons 2 (fotolia/ vasabii), S. 155: Icons 1 (fotolia/ nalinratphi), S. 155: Icons 2 (fotolia/ vasabii), S. 155: Vektor Stadt rund (thinkstock (Marina Zlochin), S. 156: Farbe (fotolia/ SSilver), S. 157: Icons 1 (fotolia/ nalinratphi), S. 157: Icons 2 (fotolia/ vasabii), S. 158: Icons 1 (fotolia/ nalinratphi), S. 158: Icons 2 (fotolia/ vasabii), S. 158: Hände halten Schilder (thinkstock/ Tomwang112), S. 158: Steckdose Smiley (fotolia/ Mirscho), S. 158: Steckdose Smiley negativ (fotolia/ Mirscho), S. 159: Icons 1 (fotolia/ nalinratphi), S. 159: Icons 2 (fotolia/ vasabii), S. 160: Icons 1 (fotolia/ nalinratphi), S. 160: Junge und Katze am Napf (fotolia/ sonsedskaya), S. 161: Icons 1 (fotolia/ nalinratphi), S. 161: Icons 2 (fotolia/ vasabii), S. 161: deutsche Sehenswürdigkeiten Collage (© Zarya Maxim - Fotolia.com), S. 162: Icons 1 (fotolia/ nalinratphi), S. 162: Icons 2 (fotolia/ vasabii), S. 162: Hund und Katze (fotolia/ Martina Osmy), S. 163: Icons 1 (fotolia/ nalinratphi), S. 163: Icons 2 (fotolia/ vasabii), S. 165: Vektor Handy 1 (thinkstock/ vasabii), S. 165: Vektor Handy 2 (thinkstock/ Anatoliy Babiy), S. 166: Füße auf Tisch (thinkstock/ petrdlouhy), S. 166: Mann rennt (fotolia/ Antonio Gravante), S. 167: Füße am Strand (© yanlev - Fotolia.com), S. 167: Hund schaut aus Autofenster (fotolia/ Natallia Vintsik), S. 168: Schild Alexanderplatz Berlin (thinkstock/ Josedbey), S. 168: Berliner U-Bahn (thinkstock/ pelucco), S. 169: Apotheke (fotolia/ holgerluck), S. 169: Autos und Spielfiguren (fotlia/ djama), **KAPITEL 9** S. 170 + 171. (thinkstock/ Vlastimil?est?k), S. 172: Hand hält Uhr (fotolia/ hadkhanong), S. 172: Uhr an Kette (fotolia/ Scisetti Alfia), S. 173: Satzzeichen (thinkstock/ junje), Chilis (thinkstock (Olga Popova), S. 174: Hand zeigt auf Bilder (thinkstock (Zoonar/N. Sorokin), S. 174: Hund in Einkaufskorb (thinkstock/ Fly_dragonfly), S. 174: fitter Sportler (thinkstock (Brand X Pictures), S. 174: Katze mit Kopfhörern (thinkstock/ ewastudio), S. 175: (fotolia/ Tom Wang), S. 176: Ei (thinkstock (pattarastock), S. 176. Küken (thinkstock (Ale-ks), S. 176: Huhn (thinkstock (Fuse), S. 176: Eier betrachten zerbrochenes Ei (thinstock (lucato), S. 177: Frau geschminkt ungeschminkt (thinkstock/

BILDNACHWEIS

gemphotography), S. 177: Frau zieht Gesichtsmaske ab (thinkstock/ Voyagerix), S. 179: Vektor linke und rechte Gesichtshälfte (thinkstock/ JakeOlimb), S. 179: Finger (thinkstock (Madiz), S. 180: (shutterstock (Leremy), S. 181: Hund (fotolia/ Wilee Cole), S. 181: Glatze (thinkstock/ roberthyrons), S. 181: verbundene Augen (thinkstock/ Ljupco), S. 182: Terrier (fotolia/ Tombaky), S. 182: Schneemann (thinkstock/ akova), S. 183: (fotolia/ Serg Nvns), S. 184: (fotolia/ Luis Louro), S. 185: (thinkstock (hemera), **KAPITEL 10** S. 186 + 187: (shutterstock/ B Calkins), S. 188: (fotolia/ rafwillems), S. 189: (shutterstock/ efired), S. 190: Raupe (© JPS - Fotolia.com), S. 190: Schmetterling gelb-schwarz (fotolia/ boule1301), S. 190: Schmetterling grün (© boule1301 - Fotolia.com), S. 191: Schmetterling schwarz-türkis (shutterstock/ aodaodaodaod), S. 191: Schmetterling orange-schwarz (© boule1301 - Fotolia.com), S. 191: Schmetterling blau/pink (fotolia/ boule1301), S. 192: (fotolia/ picsfive), S. 193: (fotolia/ yukipon00), S. 194: Puzzleteile (shutterstock/ ecco), S. 194: Elefant und Katze (fotolia/ photobank), S. 194: Spagat (fotolia/ Chatherine CLAVERY), S. 194: Kind (shutterstock/ Svitlana-ua), S. 195: Schildkröte (fotolia/ bluedesign), S. 195: Mann meditiert (shutterstock/ FuzzBones), S. 195: Frau tröstet Kind (shutterstock/ Sergiy Bykhunenko), S. 195: Frau wundert sich (thinkstock/ ValuaVitaly), S. 196: Heiratsantrag (shutterstock/ Halfpoint), S. 196: Pusteblume (© Brian Jackson - Fotolia.com), S. 196: Hund zerfetzt Sessel (shutterstock/ Jeroen van den Broek), S. 196: Frau denkt über Männer nach (shutterstock/ Ollyy), S. 196: Nicht-stören (© B. Wylezich - Fotolia.com), S. 197: Mann mit Kopfhörern (© DavidArts - Fotolia.com), . 197: Frau zerknickt Zigarette (© Knut Wiarda - Fotolia.com), S. 197: Daumen (fotolia/ xurzon), S. 197: Mann fällt von Leiter (© snaptitude - Fotolia.com), S. 199: (© Ljupco Smokovski - Fotolia.com), S. 200: (shutterstock/ Aaron Amat), S. 201: Mann an Leine (shutterstock/ Jaimie Duplass), S. 201: Mann weint (© bloomua - Fotolia.com), S. 201: Mädchen (shutterstock/ Val Thoermer), S. 201: Lasagne (© photocrew - Fotolia.com), S. 202: Eis (© Pixelbliss - Fotolia.com), S. 202: Pärchen im Kino (fotolia/ Scott Griessel),S. 202: Pärchen im Bett (© Maridav - Fotolia.com), S. 202: Frau in Restaurant (© snaptitude - Fotolia.com), S. 202: Ei und Kükenfußspuren (thinkstock/ Ivan Kruk), S. 203: Banane vergammelt (shutterstock/ exopixel), S. 203: Frau schwebt (© konradbak - Fotolia.com), S. 203: Mann mit Magnet (© Tijana - Fotolia.com), S. 203: Weihnachtsmann (© Tom Wang - Fotolia.com), S. 203: Glückskeks (thinkstock/ Olga Danylenko), S. 203: Frau küsst Auto (© Karin & Uwe Annas - Fotolia.com), S. 204: Mädchen singt mit Bürste (© valiza14 - Fotolia.com), S. 204: Mädchen zieht an Haaren (© Focus Pocus LTD - Fotolia.com), S. 204: Mädchen mit Puderdose (© sunabesyou - Fotolia.com), S. 204: zwei Mädchen mit Tüten (© Vladimir Melnikov - Fotolia.com), S. 204: Mädchen posiert (© maxkateUSA - Fotolia.com), S. 205: Mädchen sitzt (© maxkateUSA - Fotolia.com), S. 205: Mädchen in Highheels (shutterstock/ AlikeYou), S. 205: Mädchen wird geschminkt (© Ruslan Kudrin - Fotolia.com), S. 205: Mädchen benutzt Lippenstift (thinkstock/ CPaulussen), S. 205: Mädchen mit Hamburger (thinkstock/ dolgachov), S. 205: Mädchen mit Sonnenbrillen (shutterstock/ SergiyN), S. 206: Frau probiert Schuhe an (shutterstock/ g-stockstudio),S. 206: farbige Highheels (© Evgenia Smirnova - Fotolia.com), S. 207: Eis (shutterstock/ M. Unal Ozmen), S. 207: Taube (shutterstock/ panbazil), S. 208: Frau klebt Post-it (shutterstock/ HYPESTOCK), S. 208: Telefone (shutterstock/ stockphoto-graf), S. 209: Post-it (thinkstock/ marcovector), S. 209: Pinnwand (© pico - Fotolia.com), S. 210: Baumstamm (© mirpic - Fotolia.com), S. 210: Wanderstiefel (thinkstock/ horiyan), S. 210: Frau bügelt (shutterstock/ ipag), S. 211: Mann springt (© alphaspirit - Fotolia.com), S. 211: Mädchen hüpft (shutterstock/ stefanolunardi), S. 211: Autospiegel (thinkstock/ bozhdb), S. 211: Frau zweifelnd (shutterstock/ NinaMalyna), S. 211: Zwiebel (shutterstock/ EM Arts), S. 211: Japanische Sandalen (thinkstock/ encrier), S. 212: Chamäleon (thinkstock/ Ameng Wu), S. 212: Tango (thinkstock/ poplasen), S. 212: Mann mit Koffer (© grafikplusfoto - Fotolia.com), S. 212: Elefant (© Kletr - Fotolia.com), S. 212: Mann singt (© Ljupco Smokovski - Fotolia.com), S. 212: Laub (thinkstock/ sserg_dibrova), S. 212: Pizza (thinkstock/ LuminaStock), S. 213: frustrierter Mann (© vasakna - Fotolia.com), S. 213: Frau mit Nudelholz (© Maxim Malevich - Fotolia.com), S. 214: altes Türschloss (thinkstock/ anskuw), S. 214: Tafel mit Formeln (thinkstock (alphaspirit), S. 215: (thinkstock (Eldad Carin), S. 216: (© Francesco83 - Fotolia.com), S. 217: (thinkstock (karandaev), S. 218 + 219: Baumstamm (© mirpic - Fotolia.com), S. 220: Socken auf Leine (fotolia/ BEAUTYofLIFE), S. 220: Frau staubsaugt Mann Geld aus der Tasche (© Tijana - Fotolia.com), S. 220: Frau staubsaugt unter Sofa (© Tijana - Fotolia.com), S. 221: (thinkstock/ RKaulitzki), S. 222: (© mirpic - Fotolia.com), S. 223: (thinkstock/ joxxxxjo), S. 224: Kühe aus Visu IT, k 12, S. 224 (shutterstock/ artenot), S. 224: Hunde (thinkstock/ Alexander Raths), S. 225 + 226: (© mirpic - Fotolia.com), S. 227: Autoschlüssel (© Africa Studio - Fotolia.com), S. 227: Katze (shutterstock/ Nailia Schwarz), S. 227: Maulwurf (© juefraphoto - Fotolia.com), S. 227: Nashorn (© tiero - Fotolia.com), S. 227: Mann (thinkstock/ Nastco), S. 227: Junge (© cantor pannatto - Fotolia.com), S. 228 + 229: (shutterstock / Sergey Novikov), S. 230: (thinkstock/ monkeybusinessimages), S. 232: Mann (© WavebreakmediaMicro - Fotolia.com), S. 232: Frau (© Robert Kneschke - Fotolia.com), S. 233: Mädchen schauen in Laptop (© phoenix021 - Fotolia.com), S. 233: Verzweifelter Mann an laptop (© Tom Wang - Fotolia.com), S. 233: Nackter Mann (© Ljupco Smokovski - Fotolia.com), S. 234: Goldfisch springt (© stockphoto-graf - Fotolia.com), S. 234: Goldfisch in Glas (shutterstock/ johnfoto18), S. 234: Katze (shutterstock/ Dennis van de Water), S. 235: (thinkstock/ myphotoshop), S. 236: (© mirpic - Fotolia.com), S. 238: (© Andrey Armyagov - Fotolia.com), S. 239: (thinkstock/ Evgeny thinkstock/ Karandaev), S. 240: (thinkstock/ serezniy), S. 241: (thinkstock/ SilverV), S. 242: (© Arpad Nagy-Bagoly - Fotolia.com), S. 243: Reporterin (© Viacheslav Iakobchuk - Fotolia.com), S. 243: Sie flüster ihm ins Ohr (shutterstock/ Ollyy), S. 243: Er flüstert ihr ins Ohr (shutterstock/ Ollyy), S. 245: Rezepte (© Marco2811 - Fotolia.com), S. 245: Frau liest Beipackzettel (© SENTELLO - Fotolia.com), S. 245: Gummienten (thinkstock/ Jacqueline Kemp), S. 248: Pärchen liest im Tablet (© Picture-Factory - Fotolia.com), S. 248: Kamel in Wüste (thinkstock/ Cathy Yeulet), S. 248: Wohnung unter Wasser (© victor zastol'skiy - Fotolia.com), S. 248: Huhn (fotolia/ andrewburgess), S. 248: Frau starrt in Desktop (© Robert Kneschke - Fotolia.com), S. 249: (© mirpic - Fotolia.com), S. 250: (© mik38 - Fotolia.com), S. 251: Mann nervt Frau (shutterstock/ PathDoc), S. 251: Menschenschlange (© Photobank - Fotolia.com), S. 251: Schnecke auf Skareboard (© grafoto1 - Fotolia.com), S. 251: Frau springt (© vladimirfloyd - Fotolia.com), S. 252: (© Schlierner - Fotolia.com), S. 253: Vogel vor Ei (© sergei_fish13 - Fotolia.com), S. 253: Mädchen mit Teddy (© Oksana Kuzmina - Fotolia.com), S. 253: Fliegenpilz (thinkstock/ JuNi Art), S. 254: (© st-fotograf - Fotolia.com), S. 254: (© st-fotograf - Fotolia.com), S. 254: Mädchen vor Sparschwein (© st-fotograf - Fotolia.com), S. 255: Vater und Tochter bauen Sandburg (thinkstock/ Getty Images), S. 256: (© Stocksnapper - Fotolia.com), **KAPITEL 11** S. 258 + 259: (thinkstock/ HighLaZ), **KAPITEL 12** S. 268 + 269: (shutterstock / 06photo), S. 270: (thinkstock (aulena), S. 271: (thinksock (Konstantin Kirilov), S. 272: grünes Kreuz in Papier (© Odua Images - Fotolia.com), S. 272: Torte oder Obst (thinkstock/ agencyby), S. 273: Frau mit Kindern (thinkstock (Photodisc), S. 273: Junge auf Büchern (© Sabphoto - Fotolia.com), S. 275: Tagebuch (© LiliGraphie- Fotolia.com), S. 276: Schneckenwettrennen (thinkstock (Paul Grecaud), S. 276: Frau schläft auf Regal (fotolia / contrastwerkstatt), S. 276: Füße auf Tisch (© winston- Fotolia.com), S. 277: Gummistiefel (thinkstock (Fuse), S. 277: Mann auf Bett (thinkstock/ innovatedcaptures), S. 277: Orange und Zwiebel (© Inga Nielsen - Fotolia.com), S. 278: (thinkstock (KatarzynaBialasiewicz), S. 279: Komma (thinkstock (Junjie Lin), S. 279. Teddy (© DoraZett - Fotolia.com), S. 280 + 281: (thinkstock (xesai), **KAPITEL 13** S. 282 + 283: Eier (thinkstock/ Evgenia Pogodina), **KAPITEL 14** S. 284 + 285: (© mylisa - Fotolia.com), S. 288: (fotolia/ Marcin Sadlowski), S. 290: (fotolia/ Andrey Kuzmin), S. 291: (thinkstock/ 3dalia), **KAPITEL 15** S. 292+293: (thinkstock/ belchonok), S. 294 + 295: (thinkstock (Bepsimage), S. 296: flüstern (thinkstock (fabervisum), S. 296: Lupe und Fingerabdruck (thinkstock/ Mega_Pixel), S. 296: Tatort Absperrband (© kristina rütten - Fotolia.com), S. 297: (© Tilo Grellmann - Fotolia.com), S. 298: Wäscheleine mit Post-it (© JiSign - Fotolia.com), S. 298: (fotolia/ imageegami), S. 299: (© Marco2811 - Fotolia.com), S. 300: (© olly - Fotolia.com), S. 301: (thinkstock/ roberthyrons), S. 302: (© enzoalessandra - Fotolia.com), S. 303: Fragezeichen (thinkstock/ Robert thinkstock/ Churchill), S. 303: Dartpfeile (pterwort), S. 303: Kinderspielzeug (© JBDru- Fotolia.com), S. 303: Straßenschild (© Francesco Scatena - Fotolia.com), S. 303 + 304: Wecker (thinkstock/ Valerii Zan), S. 305: Glas halb voll leer (© Jeanette Dietl - Fotolia.com), S. 306: Domino (thinkstock/ SarapulSar38), S. 306: Frau denkt (thinkstock/ Nastia11), S. 306: Hand Mensch Hand Affe (© Kagenmi - Fotolia.com), S. 308: Mann Fragezeichen (© happystock - Fotolia.com), S. 308: Mann Glühbirne (© happystock - Fotolia.com), S. 308: Mann Sprechblasen (© happystock - Fotolia.com), **KAPITEL 16** S. 309 - 315: Spielfiguren (michaklootwijk - Fotolia.com)